내게는 특별한 첫걸음
브라질·포르투갈어를 부탁해

다락원

내게는 특별한 첫걸음
브라질 ★ 포르투갈어를 부탁해

지은이 조남선
펴낸이 정규도
펴낸곳 (주)다락원

초판 1쇄 발행 2018년 8월 10일
개정판 1쇄 인쇄 2022년 12월 6일
개정판 1쇄 발행 2022년 12월 15일

책임편집 이숙희, 박인경, 한지희, 오지은, 이은지
디자인 윤지영, 김나경, 박은비
일러스트 지창훈
이미지 출처 shutterstock, iclickart, vectorportal.com
감수 Carlos Gorito
녹음 Carlos Gorito, Angélica Moreno, 최재호, 이동은

다락원 경기도 파주시 문발로 211, 10881
내용 문의 : (02)736-2031 내선 420~426
구입 문의 : (02)736-2031 내선 250~252
Fax : (02)732-2037
출판등록 1977년 9월 16일 제406-2008-000007호

값 18,000원 (본책 + 주요 표현 미니북 + 동영상 강의 + MP3 무료 다운로드)
ISBN 978-89-277-3304-1 13770

http://www.darakwon.co.kr
다락원 홈페이지를 방문하시면 상세한 출판 정보와 함께
MP3 자료 등 다양한 어학 정보를 얻으실 수 있습니다.

내게는 특별한
브라질·포르투갈어를 부탁해

첫걸음

조남선 지음

머리말

포르투갈어는 우리나라에서는 다소 생소한 언어지만 사실, 세계에서 6번째로 가장 많이 사용되는 언어로서 현재 브라질, 포르투갈을 비롯해서 총 9개 국가의 공용어로 전 세계 2억 6천만 명이 사용하고 있습니다. 그만큼 국제 무대에서도 그 중요도가 나날이 높아지고 있으며 국내에서도 지속적으로 수요가 늘어나고 있습니다.

그중에서도 브라질 포르투갈어는 전체 포르투갈어 사용 인구의 80% 이상을 차지하며 브라질의 경제 규모와 성장력을 바탕으로 가장 큰 영향력을 미치고 있습니다. 최근 들어서는 다른 포르투갈어권 국가들에서도 젊은 층을 중심으로 브라질 미디어와 문화 콘텐츠가 확산되는 데 브라질 포르투갈어가 중심이 되었다고 해도 과언이 아닙니다.

이 책은 알파벳과 발음부터 시작해 말문이 트이기까지 혼자서도 쉽게 포르투갈어를 배울 수 있도록 만들어졌습니다. 꼭 알아야 하는 문법 내용을 일목요연하게 정리하여 설명하였고, 실제로 많이 사용하는 핵심 구문 위주로 소개하였습니다. 이 외에도 필수 어휘, 상황별 표현과 문화에 대한 소개 등 다양하고 알찬 구성으로 입문자 및 초보자가 짧은 시간 내에 큰 성과를 낼 수 있도록 집필하였습니다.

이 지면을 빌려 이 책의 출간에 도움을 주신 모든 분들께 감사의 말씀을 전합니다. 기획부터 출판까지 전 과정을 함께 한 다락원의 이숙희 부장님과 한지희 차장님, 힘든 과정을 묵묵히 함께하며 원고의 완성도를 높여 준 박인경 과장님에게 깊은 감사를 표합니다. 꼼꼼히 교정을 봐 준 이은지 씨와 기탄 없는 의견을 나눠 준 니콜라스에게도 감사 드립니다. 아울러 늘 곁에서 아낌없는 지지를 해 준 가족들에게도 진심 어린 감사와 사랑을 전합니다.

이 책을 통해 독자 여러분이 포르투갈어 학습을 성공적으로 마치고 목표하신 바를 이루시길 기원합니다.

조 남 선

예비과

알파벳, 강세, 발음에 대한 설명을 통해 포르투갈어를 정확하게 발음할 수 있는 기본 지식을 알려 줍니다. 특히 예비과에서는 강세 음절을 나타내기 위해 해당 한글 발음을 진하게 표기하였습니다.

아울러 명사와 형용사의 성과 수에 대한 기본적인 내용을 간단히 정리하였으므로 미리 익혀 두면 본문의 내용을 이해하는 밑거름이 됩니다.

본문 1~20과

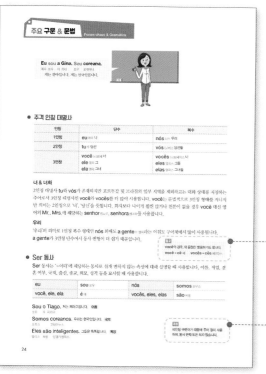

● 주요 구문 & 문법

각 과에서 다루는 문법과 관련 구문을 소개하고 설명합니다. 각 과에서 배우게 될 내용을 압축적으로 요약한 핵심 구문을 삽화와 더불어 페이지 상단에 제시함으로써 학습 내용을 한눈에 파악할 수 있습니다.

'주요 구문 & 문법'의 첫 페이지는 대화 1에 관련된 문법·구문 설명이고, 둘째 페이지는 대화 2에 관련된 문법·구문 설명입니다.

참고

추가 설명이나 정보 제공을 위한 항목입니다.

주의

혼동이 될 수 있는 주요 내용을 다시 한번 확인하는 항목입니다.

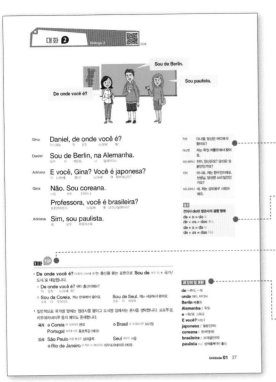

• 대화

대화 1과 대화 2로 나누어져 있습니다. 앞에 제시된 주요 구문과 문법을 활용하여 실생활에서 만날 수 있는 다양한 상황을 재현합니다. 다양한 상황별 대화문은 회화 실력을 향상시키는 기회를 제공합니다. 5과까지 포르투갈어에 가장 가까운 한국어 발음이 병기되어 있어 학습 초기에 발음을 익히는 데 도움을 줍니다.

해석

각 과의 대화문을 우리말로 옮겨 학습자의 이해를 돕습니다.

참고

대화를 이해하는 데에 도움이 될 참고 사항을 함께 제공하고 있습니다.

대화 Tip

대화문에 등장한 주요 표현에 대한 추가 설명과 주의 사항을 담고 있습니다.

새 단어 및 표현

대화문에 새롭게 등장한 단어와 표현들을 한국어 뜻과 함께 정리합니다. 필요할 경우 학습자의 이해를 돕는 설명을 포함하고 있습니다.

• 추가 단어

각 과의 내용과 관련된 단어들을 분야별로 나누어 삽화와 함께 제시함으로써 어휘 실력을 키워 줍니다.

약자 표시   *m.* 남성형   *f.* 여성형

• 유용한 표현

다양한 상황을 통해 실생활에서 유용하게 쓸 수 있는 포르투갈어 표현들을 익힐 수 있습니다.

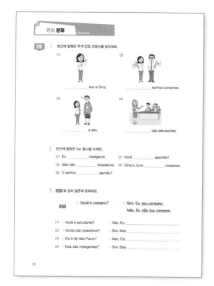

● 연습 문제

각 과에서 배웠던 학습 내용을 제대로 이해했는지 스스로 확인하는 부분으로 문법·듣기·읽기 문제로 나누어져 있습니다. 다양한 유형의 관련 문제를 통해 문법 내용을 복습하고, 듣기 문제에서는 청취를 통해 학습 내용을 파악하는 능력을 기를 수 있습니다. 듣기 문제는 각각 두 번씩 들려 줍니다. 마지막으로 다양한 내용의 읽기 문제를 통해서 독해력과 어휘력을 향상시킬 수 있습니다.

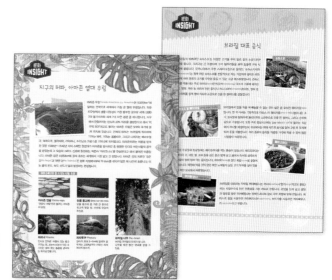

● 문화 Insight

쉬어 가는 코너로, 브라질과 포르투갈어권 나라의 사회, 문화 및 풍습을 소개합니다.

주요 표현 미니북

일상에서 자주 쓰이는 포르투갈어의 기본적인 구문을 정리하였습니다. 각 과의 내용을 학습한 후에 복습용으로 활용하거나 회화에 응용할 수 있습니다. 포르투갈어와 우리말이 동시에 녹음되어 있고, 포켓북 크기로 되어 있어 휴대가 간편합니다.

MP3 음성 파일

QR 코드로 제공되는 MP3 음성 파일은 학습자가 원어민의 발음에 익숙해지도록 본책에 있는 예비과의 발음, 각 과의 대화문과 듣기 연습 문제, 추가 단어, 유용한 표현 등을 담았습니다. 반복해서 듣고 따라 읽어 주세요.

동영상 강의

예비과 1, 2와 본문 20과, 총 22개의 강의로 구성되어 있으며, QR 코드를 통해 손쉽게 시청할 수 있습니다. 각 과의 핵심 내용을 쉽게 풀어 설명함으로써 학습자의 이해를 돕습니다. 본책의 제한된 지면으로 인해 자세한 설명을 곁들일 수 없었던 부분을 저자 직강 동영상 강의로 보완하였습니다.

재생 목록

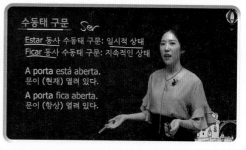

차례

부록

대화②	추가 단어	유용한 표현	문화 Insight
출신 이야기하기	• 국가명과 국적	인사하기	포르투갈어가 공식 언어인 국가들
Ser와 Estar 구분하여 말하기	• Ser 동사와 함께 쓰이는 외모, 성격 형용사 • Estar 동사와 함께 쓰이는 상태, 기분 형용사	안부 묻고 답하기	유럽식 포르투갈어 vs. 브라질식 포르투갈어
제3자의 신상 묻기	• 직업명	상황별 인사말	브라질 사람들의 이름과 호칭
소유주 묻기, 묘사하기	• 가족 관계도 • 생애 주기	일상 표현	브라질의 기본 인사법과 금기 사항
물건의 위치 묻기	• 집 구조	Que를 사용한 감탄문	브라질 지역별 특징
전화번호 묻기	• 때를 나타내는 어휘	시간 관련 표현	브라질 사람들의 특징
하루 일과에 대해 묻고 답하기	• 규칙 동사: -ar 동사	하루 일과 표현	세계 최대 커피 생산국 브라질
취미 묻기 ②	• 스포츠 • 취미	일상에서 많이 쓰이는 기원의 말	월드컵 최다 우승국, 축구의 나라 브라질
생일 묻기	• 달력 • 계절과 달	Até 표현	브라질의 명절과 풍습
날씨 표현	• 규칙 동사: -er 동사 • 규칙 동사: -ir 동사	날씨 관련 표현	삼바의 역사와 삼바 퍼레이드
증상 말하며 약 구하기	• 신체 부위 • 병명	병원·약국에서 사용하는 표현	브라질 전통 음악과 무술
교통수단 묻기, 소요 시간 묻기	• 교통수단	대중교통 이용 시	브라질의 주요 교통수단
제안하기	• 여행 관련	약속 잡기·변경하기	브라질의 대표 관광지
분실물에 대해 이야기하기	• 도시 건물 • 기타 장소명	동의 표현	상파울루의 한인타운, 봉헤찌루(Bom Retiro)
과거 사건 묘사하기	• 다양한 형용사	모르는 단어나 뜻을 물어볼 때	지구의 허파, 아마존 열대 우림
전자 제품 구매하기	• 옷, 액세서리 • 색	구매 관련 표현	브라질의 화폐, 헤알(Real)
음식 주문하기	• 음식　　• 조리　　• 맛	식당 관련 표현	브라질 대표 음식들
전화 통화 ②	• 업무 관련 • 학교 관련	전화 통화 표현	브라질 대표 간식들
길 묻기	• 도로/길 • 방위, 방향	방향 지시	브라질 빈부 격차의 상징, 파벨라(Favela)
도난 대응하기	• 가전제품	응급 상황 발생 시	브라질 카니발과 카니발의 다양한 행사들

진아
Gina

브라질 상파울루에서
유학 중인
한국인 여학생

준호
Juno

브라질 현지에서
근무 중인 한국인
대기업 직장인

까밀라
Camila

다니엘의
여자 친구
브라질 모델

찌아고
Tiago

준호와 같이
근무하는
브라질인 직원

아드리아나
Adriana

진아의
포르투갈어 선생님이자
찌아고의 친구

다니엘
Daniel

진아와 같은
어학 기관에서
연수 중인 독일인

제 아저씨
Seu Zé

빵집 주인 아저씨
이탈리아 계
브라질인

이네스 아주머니
Dona Inês

제 아저씨의 부인

이제 브라질·포르투갈어를 배워 볼까요?

동영상 강의

예비과 ❶   예비과 ❷

알파벳

포르투갈어 알파벳은 총 26자로 이루어져 있으며, 영어와 형태는 같지만 발음이 다릅니다. 한국어와 다른 발음이 있기에 주의해야 합니다. 하지만 발음 규칙을 익히면 모든 단어를 발음할 수 있습니다.

001

		명칭		음가
A	a	á	아	아
B	b	bê	베	ㅂ
C	c	cê	쎄	ㄲ, ㅆ
D	d	dê	데	ㄷ, ㅈ
E	e	é	애	에, 애, 이
F	f	éfe	애(f)피	(f)ㅍ
G	g	gê	줴	ㄱ, ㅈ
H	h	agá	아가	묵음
I	i	i	이	이
J	j	jota	져따	ㅈ
K	k	cá	까	ㄲ
L	l	ele	엘리	ㄹ, -ㅜ
M	m	eme	에미	ㅁ, -ㅇ

		명칭		음가
N	n	ene	에니	ㄴ, -ㅇ
O	o	ó	어	오, 어, 우
P	p	pê	뻬	ㅃ
Q	q	quê	께	ㄲ
R	r	erre	에히	ㅎ, ㄹ, -ㄹ/ -ㄹㅎ
S	s	esse	에씨	ㅆ, (z)ㅈ, -ㅅ
T	t	tê	떼	ㄸ, ㅉ
U	u	u	우	우
V	v	vê	(v)베	(v)ㅂ
W	w	dáblio	다블류	ㅇ, (v)ㅂ
X	x	xis	쉬스	쉬, (z)ㅈ, ㅅ, ㅆ, -ㄱㅆ
Y	y	ípsilon	입슬롱	이
Z	z	zê	(z)제	(z)ㅈ, -ㅅ/ -(z)ㅈ

발음

❶ 강세

포르투갈어를 발음하는 데 있어서 강세는 매우 중요합니다. 단어마다 강세가 있으며, 문장 단위로도 음의 높낮이가 있습니다. 다음 강세 법칙을 이해하면 강세가 단어의 어느 음절에 있는지 알 수 있습니다.

강세 법칙

(1) 끝에서 두 번째 음절에 강세를 줍니다. 모음 a, e, o와 복수형 s로 끝나는 단어 모두가 이에 해당합니다.

　　ba/**na**/na 바나나 바나나　　　**ca**/ro 까루 비싼

(2) 자음(복수형 s를 제외)과 모음 i, u 로 끝나는 단어는 마지막 음절에 강세를 줍니다.

　　sa/**bor** 싸보르 맛　　　me/**nu** 메누 메뉴

(3) 위 두 가지 규칙에 해당하지 않는 경우, 강세 부호로 강세가 있는 글자를 표시합니다. 포르투갈어에 사용되는 강세 부호는 다음과 같습니다.

´	acento agudo	**á** 아　**é** 애　**í** 이 **ó** 어　**ú** 우	입을 세로 방향으로 많이 벌려 발음합니다.	av**ó** 아(v)버 할머니 pa**í**s 빠이스 국가
ˆ	acento circunflexo	**â** 아　**ê** 에　**ô** 오	입을 좁게 연 채 발음합니다. â, ê는 가로로 좁게 연 채 발음하고, ô는 입을 동그랗게 오므린 채 발음합니다.	av**ô** 아(v)보 할아버지 **ô**nibus 오니부스 버스
~	til	**ã** (으)아　**õ** (으)오	비모음으로 콧소리를 내며 발음합니다.	p**ão** 쁘아웅 빵 m**ãe** 므아이 어머니 na**ção** 나쓰아웅 국가
`	acento grave 또는 crase	**à** 아	전치사 a와 정관사 a의 결합 형태 등에 사용됩니다. 발음은 acento agudo(´)가 붙은 á와 같습니다.	**à** 아 ~쪽으로 **à**s 아스 ~쪽으로

(4) 특정 발음을 하기 위해 사용되는 발음 부호도 있습니다. 이 부호는 강세에는 영향을 미치지 않습니다.

| ç | cê cedilha | **ç**a 싸　**ç**o 쏘
çu 쑤 | 알파벳 c와 함께 쓰입니다. c의 /ㄲ/ 발음을 /ㅆ/로 바꿔 주는 역할을 합니다. | ca**ç**a 까싸 사냥
a**ç**o 아쑤 철 |

❷ 모음

	음가	발음 방법	예
a	아	한국어 '아'와 동일한 발음입니다.	data 다따 날짜 ali 알리 저기
e	에	입 모양을 가로로 길게 한 채 발음합니다.	ele 엘리 그 mês 메스 달, 월
	애	입 모양을 세로로 길게 한 채 발음합니다.	ela 엘라 그녀 belo 밸루 아름다운
i	이	한국어 '이'와 동일한 발음입니다.	cima 씨마 위 dia 지아 일, 날
o	오	입을 동그랗게 오므린 채 발음합니다.	boca 보까 입 metrô 메뜨로 지하철
	어	입을 세로로 길게 연 채 발음합니다.	porta 뻐르따 문 só 써 오직, ~뿐
u	우	한국어 '우'와 동일한 발음입니다.	uva 우(v)바 포도

> **참고**
> • 강세가 없는 e나 o가 음절 끝, 특히 단어 끝에 올 경우, e는 i에, o는 u에 가까운 발음으로 바뀝니다.
> verde (v)베르지 초록(색) caderno 까대르누 공책
> • 모음이 두 개 이상 붙어 나올 경우 음절 구분을 정확하게 해야 합니다.
> 음절이 구분되는 경우, 첫 번째 강세 법칙에 따라 끝에서 두 번째 음절에 강세를 줍니다.
> mo/e/da 모애다 동전, 화폐 goi/a/ba 고이아바 구아바 (과일)
> 반면, 강세를 받는 음절이 이중 모음일 경우 주로 앞 모음에, 삼중 모음일 경우 중간 모음에 강세를 줍니다.
> Co/rei/a 꼬래이아 한국 pa/ra/guai/o 빠라과이우 파라과이인(남)

❸ 자음

	음가	발음 방법	예
b	ㅂ	위아래 입술을 깊숙이 맞닿게 했다가 입을 벌려 목구멍에서 끌어오는 소리를 내며 발음합니다.	bebida 베비다 음료 bom 봉 좋은
c	ㄲ	ca 까 co 꼬 cu 꾸	coceira 꼬쎄이라 가려움 cinco 씽꾸 숫자 5 cabeça 까베싸 머리
	ㅆ	ce 쎄 ci 씨 ça 싸 ço 쏘 çu 쑤	
d	ㄷ	da 다 de 데 do 도 du 두	dedo 데두 손가락 dia 지아 날, 일 cidade 씨다지 도시
	ㅈ	di 지	

f	(f)ㅍ	영어 f와 동일한 발음입니다.	frio (f)프리우 추위　falar (f)팔라르 말하다
g	ㄱ	목구멍에서 끌어오는 소리를 냅니다. **ga** 가　**go** 고　**gu** 구	gato 가뚜 고양이　garagem 가라쥉 주차장
	ㅈ	**ge** 줴　**gi** 쥐	
h		단독으로 쓰이는 경우 묵음입니다.	hora 어라 시간, ~시　hoje 오쥐 오늘
		c, l, n와 결합하는 경우 다음과 같이 발음합니다. **ch** **cha** 샤　**che** 셰　**chi** 쉬　**cho** 쇼 　　**chu** 슈 **lh** **lha** 랴　**lhe** 례　**lhi** 뤼　**lho** 료　**lhu** 류 **nh** **nha** 냐　**nhe** 녜　**nhi** 뉘　**nho** 뇨 　　**nhu** 뉴	chuva 슈(v)바 비 trabalho 뜨라발류 일 banho 방뉴 샤워
j	ㅈ	영어의 j 발음에 해당합니다. **ja** 좌　**je** 줴　**ji** 쥐　**jo** 죠　**ju** 쥬	já 좌 이미, 곧　janela 좌넬라 창문 jejum 줴중 금식
k	ㄲ	외래어(이름, 단위 등)에 사용되며, 원래의 발음을 최대한 유지합니다.	kiwi 끼위 키위
l	ㄹ	음절 앞과 중간(모음 사이)에 오는 경우	lado 라두 옆　mala 말라 가방
	ㅜ	음절 끝이나 어미에 오는 경우	Brasil 브라(z)지우 브라질 legal 레가우 좋은, 법적인
m	ㅁ	음절 앞과 중간(모음 사이)에 오는 경우	mapa 마빠 지도　cama 까마 침대
	ㅇ	음절 끝이나 어미에 오는 경우	também 땅뱅 일반적인 campo 깡뿌 시골, 초원
n	ㄴ	음절 앞과 중간(모음 사이)에 오는 경우	neto 내뚜 손자　caneta 까네따 볼펜
	ㅇ	음절 끝이나 어미에 오는 경우	conta 꽁따 계산서 comuns 꼬뭉스 일반적인 (복수)
p	ㅃ	위아래 입술을 깊숙이 맞닿게 했다가 입을 벌려 목구멍에서 끌어오는 소리를 내며 발음합니다.	pai 빠이 아버지　papo 빠뿌 수다
q	ㄲ	단독으로 쓰이지 않으며 항상 다음의 결합 형태로 씁니다. **qua** 꽈　**que** 께　**qui** 끼 **quo** 꼬/꾸오	quatro 꽈뜨루 숫자 4　queijo 께이쥬 치즈 aqui 아끼 여기

r	ㅎ	음절 앞이나 쌍으로 나올 경우	**rua** 후아 길 **genro** 줼후 사위 **carro** 까후 자동차
	ㄹ	음절 중간(모음 사이)에 나올 경우	**caro** 까루 비싼
	ㅡㄹ ㅡㄹㅎ	음절 끝이나 어미에 오는 경우	**perto** 빼르뚜 가까운 **dor** 도르 아픔
s	ㅆ	음절 앞이나 쌍으로 나올 경우	**sopa** 쏘빠 수프 **cansado** 깡싸두 지친 **pressa** 쁘래싸 서두름
	(z)ㅈ	음절 중간(모음 사이)에 나올 경우	**casa** 까(z)자 집
	ㅡㅅ	음절 끝이나 어미에 오는 경우	**este** 에스찌 이, 이것 **dois** 도이스 숫자 2
t	ㄸ	**ta** 따 **te** 떼 **to** 또 **tu** 뚜	**tudo** 뚜두 모든 것 **noite** 노이찌 밤, 저녁 **teste** 떼스찌 시험
	ㅉ	**ti** 찌	
v	(v)ㅂ	영어 v와 동일한 발음입니다.	**você** (v)보쎄 너
w	ㅇ (v)ㅂ	외래어 (이름, 단위 등)에 사용되며, 원래의 발음을 최대한 유지합니다.	**Volkswagen** (v)보욱스(v)바겐 폭스바겐
x	쉬	어두 또는 음절 앞에 올 경우: **xa** 샤 **xe** 쉐 **xi** 쉬 **xo** 쇼 **xu** 슈	**xarope** 샤러삐 시럽 **lixo** 리슈 쓰레기
	(z)ㅈ	ex + 모음이 올 경우	**exemplo** 에(z)젱쁠루 예, 예시 **exame** 에(z)자미 시험, 검사
	ㅅ	ex + 자음이 올 경우	**expectativa** 에스뻭따찌(v)바 기대 **texto** 떼스뚜 글
	ㅆ	모음 사이에 나올 경우	**máximo** 마씨무 최대(의) **próximo** 쁘러씨무 가까운, 다음(의)
	ㅡㄱㅆ	단어의 맨 마지막 글자로 나올 시, 또는 기타 경우	**táxi** 딱씨 택시 **xerox** 쉐럭쓰 복사기
y	이	외래어(이름, 단위 등)에 사용되며 원래의 발음을 최대한 유지합니다.	**yôga** 이오가 요가
z	(z)ㅈ	음절 앞과 중간(모음 사이)에 오는 경우	**zero** (z)재루 숫자 0 **tristeza** 뜨리스떼(z)자 슬픔
	ㅡㅅ ㅡ(z)ㅈ	음절 끝이나 어미에 오는 경우	**feliz** (f)펠리스 행복한

★ 포르투갈어의 성과 수

명사와 형용사의 성

1 명사의 성

포르투갈어에서 모든 명사는 남성과 여성으로 구분됩니다. 생물은 자연적으로 주어진 성을 따르며, 사물 및 개념 등은 인위적으로 부여된 문법적 성을 갖습니다.

(1) -o와 자음으로 끝나는 대부분의 단어는 남성형입니다.

carro 까후 *m.* 자동차	**computador** 꽁부따도르 *m.* 컴퓨터	**sol** 써우 *m.* 태양

(2) -a, -dade, -agem, -ção으로 끝나는 대부분의 단어는 여성형입니다.

casa 까(z)자 *f.* 집	**cidade** 씨다지 *f.* 도시
viagem (v)비아쳄 *f.* 여행	**estação** 이스따싸웅 *f.* 계절, 역

> **주의**
> 규칙에서 예외인 경우도 있습니다.
> **mão** 므아웅 *f.* 손   **tribo** 뜨리부 *f.* 부족
> **dia** 지아 *m.* 날/일   **coração** 꼬라쓰아웅 *m.* 심장

(3) 자연의 성을 가진 명사의 경우, 아래 규칙을 통해 남성형 명사를 여성형으로 만들 수 있습니다.

① 마지막 모음 -o를 -a로 바꿔 줍니다.

menino 메니누 소년	→	**menina** 메니나 소녀
filho (f)필류 아들	→	**filha** (f)필랴 딸

② 자음으로 끝나는 경우, 어미에 a를 붙여 줍니다.

professor 쁘로(f)페쏘르 선생님(남)	→	**professora** 쁘로(f)페쏘라 선생님(여)

③ -ista, -ante, -ente 등으로 끝나는 단어는 남녀 모두 동일하게 사용합니다. 명사 앞에 오는 정관사로 성별을 구별할 수 있습니다.

o estudante 우 이스뚜당찌 학생(남)	→	**a estudante** 아 이스뚜당찌 학생(여)

> **주의**
> 여성형이 남성형과 전혀 다른 형태를 가진 단어들도 있습니다.
> **pai** 빠이 아버지   **mãe** 므아이 어머니
> **homem** 오멩 남자   **mulher** 물래르 여자

② 형용사의 성

형용사는 일반적으로 명사 뒤에 오며 수식하는 명사의 성과 수에 맞춰 줍니다.

(1) 대부분의 경우 -o로 끝나면 남성형이며 -a로 끝나면 여성형입니다.

> carro caro 까후 까루 비싼 자동차   casa cara 까(z)자 까라 비싼 집

(2) -e 또는 자음으로 끝나는 남녀성 동형도 존재합니다. 이 경우 남녀 명사 모두와 사용할 수 있습니다.

> inteligente 잉뗄리쥉찌 똑똑한   feliz (f)펠리스 행복한   ruim 후잉 안 좋은
> professor inteligente 브로(f)페쏘르 잉뗄리쥉찌 똑똑한 선생님(남)
> professora inteligente 브로(f)페쏘라 잉뗄리쥉찌 똑똑한 선생님(여)

명사와 형용사의 수

명사와 형용사의 수를 단수형에서 복수형으로 바꿀 때는 다음 규칙을 따릅니다.

① 모음으로 끝나는 경우

모음으로 끝나는 경우 어미에 s를 붙여 줍니다.

> carro caro 까후 까루 비싼 자동차 → carros caros 까후스 까루스 비싼 자동차들

② -r, -s, -z로 끝나는 경우

-r, -s, -z로 끝나는 경우 es를 붙여 줍니다.

> professor feliz 브로(f)페쏘르 (f)펠리스 행복한 선생님
> → professores felizes 브로(f)페쏘리스 (f)펠리(z)지스 행복한 선생님들

③ -l나 -m로 끝나는 경우

-l로 끝나는 경우에는 -l를 -is로 바꾸고, -m로 끝날 경우에는 -m를 -ns로 바꿔 줍니다.

> jornal ruim 조르나우 후잉 안 좋은 신문 → jornais ruins 조르나이스 후잉스 안 좋은 신문들

연습 문제

1 다음 단어를 듣고 강세에 유의하여 올바르게 발음해 보세요.

(1) pão

(2) gado

(3) exemplo

(4) Brasil

(5) sonho

(6) máximo

(7) comum

(8) rei

(9) chave

(10) cidade

(11) carro

(12) pais

(13) feliz

(14) coração

(15) país

2 다음 단어를 남성형, 여성형, 남녀성 동형으로 구분하세요.

명사	filho	moça	calor	sol
	diversidade	paisagem	naçãocarro	professora
	viagem	menino	cidade	computador

| 형용사 | alto | inteligente | gentil | bonita |
| | feliz | ruim | caro | cara |

남성형	여성형	남녀성 동형

3 들은 단어를 아래에서 고르세요.

(1) ① mato ② metrô ③ metro ④ mito

(2) ① só ② sal ③ sol ④ sem

(3) ① avó ② avô ③ ave ④ houve

(4) ① laço ② nisso ③ riacho ④ lixo

(5) ① maçã ② são ③ nação ④ nações

(6) ① laço ② acho ③ macho ④ aço

(7) ① garra ② guincho ③ ganho ④ genro

(8) ① teste ② testa ③ texto ④ teto

(9) ① feliz ② feroz ③ faço ④ flores

(10) ① verde ② bege ③ bigode ④ vinte

4 다음 단어를 보기와 같이 복수형으로 바꾸세요.

보기 prédio ➡ _prédios_

(1) mesa ➡ _____

(2) inteligente ➡ _____

(3) celular ➡ _____

(4) país ➡ _____

(5) feroz ➡ _____

(6) mulher ➡ _____

(7) legal ➡ _____

(8) quintal ➡ _____

(9) batom ➡ _____

(10) ruim ➡ _____

Bom dia!

동영상 강의

- 주격 인칭 대명사
- Ser 동사
- 정관사 & 부정 관사
- 포르투갈어의 문장 구조

Eu sou a Gina. Sou coreana.
에우 쏘우 아 쥐나 쏘우 꼬레아나.
저는 진아입니다. 저는 한국인입니다.

● 주격 인칭 대명사

인칭	단수	복수
1인칭	**eu** 에우 나	**nós** 너스 우리
2인칭	**tu** 뚜 당신	**vós** (v)버스 당신들
3인칭	**você** (v)보쎄 너 **ele** 엘리 그 **ela** 앨라 그녀	**vocês** (v)보쎄이스 나 **eles** 엘리스 그들 **elas** 앨라스 그녀들

너 & 너희

2인칭 대명사 **tu**와 **vós**가 존재하지만 포르투갈 및 브라질의 일부 지역을 제외하고는 대화 상대를 지칭하는 주어로서 3인칭 대명사인 **você**와 **vocês**를 더 많이 사용합니다. **você**는 문법적으로 3인칭 형태를 지니지만 의미는 2인칭으로 '너', '당신'을 뜻합니다. 화자보다 나이가 훨씬 많거나 친분이 없을 경우 **você** 대신 영어의 Mr., Mrs.에 해당하는 **senhor**쎙뇨르, **senhora**쎙녀라를 사용합니다.

우리

'우리'의 의미로 1인칭 복수 형태인 **nós** 외에도 **a gente**아 쥉찌라는 어휘도 구어체에서 많이 사용됩니다.
a gente가 3인칭 단수여서 동사 변형이 더 쉽기 때문입니다.

> **참고**
> **você**의 경우, 뒤 음절만 발음하기도 합니다.
> **você = cê** 쎄 **vocês = cês** 쎄(이)스

● Ser 동사

Ser 동사는 '~이다'에 해당하는 동사로 쉽게 변하지 않는 속성에 대해 설명할 때 사용합니다. 이름, 직업, 결혼 여부, 국적, 출신, 종교, 외모, 성격 등을 묘사할 때 사용합니다.

eu	**sou** 쏘우	nós	**somos** 쏘무스
você, ele, ela	**é** 애	vocês, eles, elas	**são** 싸웅

Sou o Tiago. 저는 찌아고입니다. `이름`
쏘우 우 찌아구.

Somos coreanos. 우리는 한국인입니다. `국적`
쏘무스 꼬레아누스.

Eles são inteligentes. 그들은 똑똑합니다. `특징`
엘리스 싸웅 잉뗄리쥉찌스.

> **참고**
> 포르투갈어는 동사만 봐도 주어가 무엇인지 알 수 있기 때문에 주어가 자주 생략됩니다. 다만, 여러 대상을 가리킬 수 있는 3인칭은 주어를 표시해 줍니다.

Você é estudante?
(v)보쎄 애 이스뚜당찌?
당신은 학생인가요?

Sim, sou.
씽, 쏘우.
네, 전 학생입니다.

● 정관사 & 부정 관사

포르투갈어 관사는 반드시 명사의 성과 수에 맞춰 줍니다. 정관사는 이미 언급되었거나 특정한 것을 나타내는 명사 앞에 쓰입니다. 부정 관사는 처음 언급되거나 불특정한 것을 나타내는 명사 앞에 쓰이며, '하나의 (um, uma)' 또는 '여럿의', '몇몇의 (uns, umas)' 의미를 가지기도 합니다. **추가 문법 p. 225 참조**

성	정관사		부정 관사	
	단수	복수	단수	복수
남성	**o** carro 그 자동차 우 까후	**os** carros 그 자동차들 우스 까후스	**um** carro 자동차 한 대 웅 까후	**uns** carros 자동차 몇 대 웅스 까후스
여성	**a** casa 그 집 아 까(z)자	**as** casas 그 집들 아스 까(z)자스	**uma** casa 집 한 채 우마 까(z)자	**umas** casas 집 몇 채 우마스 까(z)자스

● 포르투갈어의 문장 구조

포르투갈어 문장은 일반적으로 '주어 + 동사 + 기타 어휘' 순으로 나타납니다. 부정문의 경우 동사 앞에 부정 부사 não나웅을 넣어 줍니다. 의문문의 경우 평서문, 부정문과 같은 구조에서 물음표만 추가됩니다.

평서문	주어 + 동사 + 기타 어휘	Eu sou estudante. 나는 학생입니다. 에우 쏘우 이스뚜당찌.
부정문	주어 + não + 동사 + 기타 어휘	Eu não sou estudante. 나는 학생이 아닙니다. 에우 나웅 쏘우 이스뚜당찌.
의문문	평서문/부정문에 물음표를 붙이고 억양을 올립니다.	Você é estudante? 너는 학생이니? (v)보쎄 애 이스뚜당찌? Você não é estudante? 너는 학생이 아니니? (v)보쎄 나웅 애 이스뚜당찌?

참고

의문문에 긍정으로 답할 때는 sim씽 (예), 부정으로 답할 때는 não나웅 (아니요)을 사용합니다.

A Você é estudante? 너는 학생이니?
　(v)보쎄 애 이스뚜당찌?

B Sim, sou. 네, 전 학생입니다.
　씽, 쏘우.
　Não, não sou. 아니요, 저는 학생이 아닙니다.
　나웅, 나웅 쏘우.

**Não. Eu sou estudante.
Ela é a professora.**

Você é o professor?

Gina	**Olá, sou a Gina.** 올라, 쏘우 아 쥐나.
Daniel	**Olá, Gina. Me chamo Daniel.** 올라, 쥐나. 미 샤무 다니에우.
Gina	**Você é o professor?** (v)보쎄 애 우 브로(f)페쏘르?
Daniel	**Não. Eu sou estudante.** 나웅, 에우 쏘우 이쓰뚜당찌.
	Ela é a professora. 앨라 애 아 브로(f)페쏘라.
Adriana	**Oi, Gina. Sou a Professora Adriana.** 오이, 쥐나. 쏘우 아 브로(f)페쏘라 아드리아나.
Gina	**Oi, professora. Muito prazer.** 오이, 브로(f)페쏘라. 무이뚜 브라(z)젤.
Adriana	**O prazer é meu.** 우 브라(z)젤 애 메우.

진아	안녕하세요, 저는 진아입니다.
다니엘	안녕하세요, 진아. 저는 다니엘입니다.
진아	당신이 선생님인가요?
다니엘	아니요. 저는 학생이에요. 저분이 선생님이에요.
아드리아나	안녕하세요, 진아. 저는 아드리아나 선생님이에요.
진아	선생님, 안녕하세요. 만나서 반가워요.
아드리아나	나도 반가워요.

참고

chamo(부르다)는 Chamar 동사의 1인칭 단수형입니다.

대화

'**Me chamo**미 샤무 + 이름.'은 '내 이름은 ~(이)야.'라는 표현입니다. 자신의 이름을 소개하는 다른 표현으로 '**Meu nome é**메우 너미 애 + 이름'을 사용할 수 있습니다.

　Meu nome é Daniel. 내 이름은 다니엘이야.
　메우 너미 애 다니에우.

새 단어 및 표현

Olá., Oi. 안녕., 안녕하세요.
professor(a) 선생님
estudante *m.f.* 학생
muito 많이, 매우, 많은
Muito prazer. 만나서 반가워요.
O prazer é meu. 나도 반가워요.

De onde você é?

Sou de Berlin.

Sou paulista.

Gina **Daniel, de onde você é?**
다니에우, 지 옹지 (v)보쎄 애?

Daniel **Sou de Berlin, na Alemanha.**
쏘우 지 베르링, 나 알레므아냐.

Adriana **E você, Gina? Você é japonesa?**
이 (v)보쎄, 쥐나? (v)보쎄 애 좌뽀네(z)자?

Gina **Não. Sou coreana.**
나웅. 쏘우 꼬레아나.

Professora, você é brasileira?
쁘로(f)페쏘라, (v)보쎄 애 브라(z)질레이라?

Adriana **Sim, sou paulista.**
씽, 쏘우 빠울리스따.

진아 다니엘, 당신은 어디에서 왔어요?

다니엘 저는 독일 베를린에서 왔어요.

아드리아나 진아, 당신은요? 당신은 일본인인가요?

진아 아니요. 저는 한국인이에요. 선생님, 당신은 브라질인인가요?

아드리아나 네, 저는 상파울루 사람이에요.

참고
전치사 de와 정관사의 결합 형태
de + o = do 두
de + os = dos 두스
de + a = da 다
de + as = das 다스

대화 TIP

· **De onde você é?** 지 옹지 (v)보쎄 애?는 출신을 묻는 표현으로 'Sou de 쏘우 지 + 국가/도시.'로 대답합니다.

A **De onde você é?** 어디 출신이에요?
지 옹지 (v)보쎄 애?

B **Sou da Coreia.** 저는 한국에서 왔어요.   **Sou de Seul.** 저는 서울에서 왔어요.
쏘우 다 꼬레아.   쏘우 지 쎄우우.

· 일반적으로 국가명 앞에는 정관사를 붙이고 도시명 앞에서는 관사를 생략합니다. 포르투갈, 리우데자네이루 등의 예외도 존재합니다.

국가	**a Coreia** 아 꼬래이아 한국	**o Brasil** 우 브라(z)지우 브라질
	Portugal 뽀르뚜가우 포르투갈 (예외)	
도시	**São Paulo** 싸웅 빠울루 상파울루	**Seul** 쎄우우 서울
	o Rio de Janeiro 우 히우 지 좌네이루 리우데자네이루 (예외)	

새 단어 및 표현

de ~부터, ~의
onde 어디, 어디서
Berlin 베를린
Alemanha f. 독일
e ~와/과, 그리고
E você? 너는?
japonesa f. 일본인(여)
coreana f. 한국인(여)
brasileira f. 브라질인(여)
paulista m.f. 상파울루(주) 출신

국가명과 국적

Ásia *f.* 아시아

a Coreia *f.* 한국
coreano/a 한국인

o Japão *m.* 일본
japonês/japonesa 일본인

a China *f.* 중국
chinês/chinesa 중국인

Europa *f.* 유럽

a França *f.* 프랑스
francês/francesa 프랑스인

a Inglaterra *f.* 영국
inglês/inglesa 영국인

a Alemanha *f.* 독일
alemão/alemã 독일인

a Itália *f.* 이탈리아
italiano/a 이탈리아인

a Espanha *f.* 스페인
espanhol(a) 스페인인

Portugal 포르투갈
português/portuguesa 포르투갈인

América *f.* 아메리카

os Estados Unidos *m.* 미국
americano/a 미국인

o México *m.* 멕시코
mexicano/a 멕시코인

o Brasil *m.* 브라질
brasileiro/a 브라질인

> **참고**
> • 국적의 남성형은 해당 국가의 언어도 의미합니다.
> • 영어, 포르투갈어, 스페인어의 경우 사용하는 국가가 아닌 해당 언어가 기원한 국가를 기준으로 합니다.
> 　예 영어: inglês (O), americano (X)
> 　　포르투갈어: português (O), brasileiro (X)
> 　　스페인어: espanhol (O), mexicano (X), paraguaio (X)

다양한 인사 표현

만날 때

Oi.
오이.

Padaria

Bom dia.
봉   지아.

A   안녕하세요.
B   안녕하세요. (아침 인사)

A의 기타 표현

Olá. 안녕하세요.
올라.

B의 기타 표현

Boa tarde. 안녕하세요. (오후 인사)
보아   따르지.

Boa noite. 안녕하세요. (저녁 인사)
보아   노이찌.

참고

Boa noite.는 '잘자요.', '안녕히 주무세요.' 의 의미도 있어 잠자리에 들기 전 나누는 인사 표현으로 사용되기도 합니다.

헤어질 때

Até mais.
아때   마이스.

Tchau.
짜우.

A   안녕히 가세요.
B   다음에 또 봐요.

B의 기타 표현

Até a próxima. 다음에 또 봐요.
아때 아 쁘러씨마.

처음 만났을 때

O prazer é (todo) meu.
우 쁘라(z)젤 애 또두   메우.

Muito prazer.
무이뚜   쁘라(z)젤.

A   만나서 반갑습니다.
B   저도 반갑습니다.

B의 기타 표현

Igualmente. 저도 반갑습니다.
이과우멩찌.

문법

1 빈칸에 알맞은 주격 인칭 대명사를 넣으세요.

(1)

_____ sou a Gina.

(2)

_____ somos coreanos.

(3)

_____ é alto.

(4)

_____ são estudantes.

2 빈칸에 알맞은 Ser 동사를 쓰세요.

(1) Eu _____ inteligente.

(2) Você _____ japonês?

(3) Nós não _____ brasileiros.

(4) Gina e Juno _____ coreanos.

(5) O senhor _____ alemão?

3 보기 와 같이 질문에 답하세요.

보기

A Você é coreano?　　B Sim. Eu _sou coreano._

Não. Eu _não sou coreano._

(1) A Você é estudante?　　B Não. Eu _____

(2) A Vocês são brasileiros?　　B Sim. Nós _____

(3) A Ela é de São Paulo?　　B Não. Ela _____

(4) A Eles são inteligentes?　　B Sim. Eles _____

듣기 ● 녹음을 듣고 아래 표를 완성하세요.

이름	Gina	Adriana	Juno	Tiago
국적	(1) _____	(2) _____	(3) _____	(4) _____
직업	(5) _____	(6) _____	(7) _____	(8) _____

★ funcionário/a 직장인

읽기 ● 다음 대화의 빈칸에 들어갈 말을 고르세요.

Adriana   Olá. Sou a Adriana.

Tiago   Oi. Me chamo Tiago.

Adriana   (1) _____

Tiago   Sou do Rio de Janeiro. E você?

Adriana   Sou de São Paulo.

Tiago   (2) _____

Adriana   (3) _____

(1) ① Até logo.   ② De onde você é?
     ③ Você é professora?   ④ Bom dia.

(2) ① Muito prazer.   ② Prazer é meu.
     ③ Sou brasileiro.   ④ Até logo.

(3) ① Sou professora.   ② De onde você é?
     ③ Igualmente.   ④ Você é estudante?

포르투갈어가 공식 언어인 국가들

포르투갈어는 세계에서 6번째로 많이 사용되는 언어이며, 전 세계 2억 6천만 명(모국어 사용자 약 2억 2천만 명)이 사용하고 있습니다. 포르투갈어를 사용하는 사람이나 국가를 "루소폰Lusófono"이라 지칭하기도 하는데 루소폰 국가로는 포르투갈과 옛 포르투갈 식민지였던 브라질과 더불어 앙골라, 카보베르데, 기니비사우, 마카오, 모잠비크, 상투메 프린시페, 동티모르, 적도 기니가 있습니다. 이들 국가 중 포르투갈어를 공용어로 정한 9개의 국가가 모여 포르투갈어 사용국 공동체(CPLP)란 기구를 만들었습니다. 또한, 유럽 연합, 메르코수르, 미주 기구, 서아프리카 제국 경제 공동체와 아프리카 연합이 포르투갈어를 공식 언어로 인정하고 있습니다.

루소폰 국가

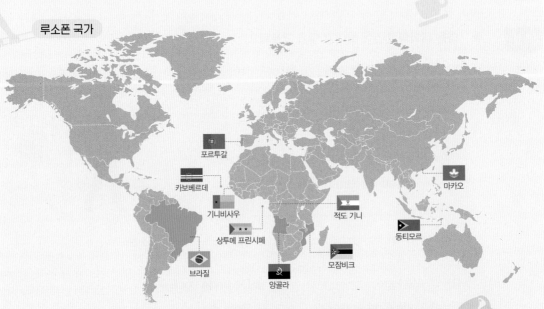

*포르투갈어 사용국 공동체 국가들에 대한 자세한 내용은 부록을 참고하세요.

브라질 작가 올라부 빌락Olavo Bilac은 자신의 소네트에 포르투갈어를 "a última flor do Lácio, inculta e bela(라티움의 마지막 꽃, 거칠며 아름답구나)"라고 표현합니다. 이는 남이탈리아의 조그마한 지역인 라티움에서 쓰이던 라틴어, 그중에서도 로마 제국 시대의 속라틴어(서민이 사용하던 구어 형태)에서 포르투갈어가 파생되었다는 점에 빗댄 표현입니다. 또한 포르투갈어는 "카몽이스의 언어"라고 불리기도 하는데 이는 포르투갈어의 확산에 큰 기여를 한 포르투갈의 위대한 서사시인 루이스 바스 드 카몽이스Luiz Vaz de Camões의 이름에서 비롯된 것입니다.

Tudo bem?

- Estar 동사
- Estar com + 추상 명사
- Ser vs. Estar
- 안부 묻기

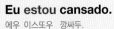

Eu estou cansado.
에우 이스또우 깡싸두.
저는 피곤해요.

Eu estou com sono.
에우 이스또우 꽁 쏘누.
저는 졸려요.

● Estar 동사

Estar 동사는 Ser 동사와 마찬가지로 '~이다'를 의미하지만 일시적인 상태, 위치, 기분, 감정 등을 표현할 때 사용됩니다.

eu	**estou** 이스또우	nós	**estamos** 이스따무스
você, ele, ela	**está** 이스따	vocês, eles, elas	**estão** 이스따웅

Estou feliz. 나는 기분이 좋다.
이스또우 (f)펠리스.

Estamos doentes. 우리는 아프다.
이스따무스 도엥찌스.

Elas **estão** ocupadas. 그녀들은 바쁘다.
앨라스 이스따웅 오꾸빠다스.

> **참고**
> 일상 회화에서는 발음의 편의상 Estar 동사의 마지막 음절만 발음하기도 합니다.
> Está bem? 잘 지내? → Tá bem?
> 이스따 벵? 따 벵?

● Estar com + 추상 명사

'Estar com + 추상 명사'는 현재의 감정/기분, 상태, 아픈 곳 등을 나타낼 때 사용할 수 있는 표현입니다. 여기에서 com은 '~와/과 (함께)'라는 뜻의 전치사이며, 이 표현은 다음과 같은 추상 명사와 함께 사용할 수 있습니다.

fome (f)퍼미
허기

sede 쎄지
갈증

calor 깔로르
더위

frio (f)프리우
추위

sono 쏘누
졸음

pressa 급함
쁘래싸

medo 두려움, 무서움
메두

vergonha 창피함, 부끄러움
(v)베르공냐

raiva 화
하이(v)바

saudade 그리움
싸우다지

Estou com raiva. 나는 화났어요. 감정
이스또우 꽁 하이(v)바.

Você não **está com** sede? 당신은 목마르지 않나요? 상태
(v)보쎄 나웅 이스따 꽁 쎄지?

Estou com dor de barriga. 나는 배가 아파요. 아픈 곳
이스또우 꽁 도르 지 바히가.

> **참고**
> Estar com medo/vergonha/raiva/saudade 뒤에 전치사 de를 붙여 감정의 원인이나 대상을 표현할 수 있습니다.
> Estou com medo de você. 나는 (현재) 네가 무서워.
> 이스또우 꽁 메두 지 (v)보쎄.
> Estou com saudade da Coreia. 나는 (현재) 한국이 그리워.
> 이스또우 꽁 싸우다지 다 꼬레이아.

Você está bonito hoje.
(v)보쎄 이스따 보니뚜 오쥐.
오늘 멋있어요.

Eu sou bonito.
에우 쏘우 보니뚜.
나는 (원래) 잘생겼어요.

● Ser vs. Estar

Ser: 지속되는 특성/속성	**Estar**: 일시적인 상태, 기분
Sou coreano. 저는 한국인(남)입니다. 쏘우 꼬레아누.	**Estou** no Brasil. 저는 (현재) 브라질에 있습니다. 이스또우 누 브라(z)지우.
Sou alegre. 저는 (원래) 명랑합니다. 쏘우 알래그리.	**Estou** triste agora. 저는 지금 슬픕니다. 이스또우 뜨리스찌 아거라.
Sou forte. 저는 (원래) 힘이 셉니다. 쏘우 (f)퍼르찌.	**Estou** doente hoje. 저는 오늘 아픕니다. 이스또우 도엥찌 오쥐.
A maçã **é** vermelha. 사과는 (원래) 빨간색입니다. 아 마쓰아 애 (v)베르멜랴.	A maçã **está** vermelha. 사과가 (현재) 빨갛습니다. 아 마쓰아 이스따 (v)베르멜랴.

> **참고**
> Estar 동사는 hoje 오쥐 (오늘), agora 아거라 (지금),
> esses dias 에씨스 지아스 (요즘) 등의 어휘와 함께 사용
> 할 수 있습니다.

● 안부 묻기

안부를 묻는 표현으로 Tudo bem/bom? 뚜두 벵/봉?과 Como está/vai? 꼬무 이스따/(v)바이?가 가장 많이 사용
됩니다. 전자의 경우 '잘' 지내는지에 초점을, 후자의 경우 '어떻게' 지내는지에 초점을 맞추고 있습니다.

Tudo bem/bom?	Como está/vai?
A Tudo bem? 잘 지내세요? 뚜두 벵?	A Como vai? 어떻게 지내세요? 꼬무 (v)바이?
B Tudo. E você? 그럼요. 당신은요? 뚜두. 이 (v)보쎄?	B Estou bem. E a senhora? 잘 지내요. 아주머니는요? 이스또우 벵. 이 아 쎙녀라?
A Eu também. 저도요. 에우 땅벵.	A Muito bem. 아주 잘 지내요. 무이뚜 벵.

> **참고**
> **안부를 묻는 구어체 표현**
> E aí? 이 아이? 잘 지내?
> = Beleza? 벨레(z)자?
> = Tudo joia? 뚜두 제이아?

Como está a Dona Inês?

Ela está com gripe.

Gina	**Olá, Seu Zé. Tudo bom?** 올라, 쎄우 (z)재. 뚜두 봉?
Seu Zé	**Tudo. E você?** 뚜두. 이 (v)보쎄?
Gina	**Também. E como está a Dona Inês?** 땅벵. 이 꼬무 이스따 아 도나 이네스?
Seu Zé	**Ela está com gripe.** 앨라 이스따 꽁 그리삐.
Gina	**Coitada! Ela está bem?** 꼬이따다! 앨라 이스따 벵?
Seu Zé	**Sim, está melhor hoje.** 씽, 이스따 멜려르 오쥐.
Gina	**Ainda bem. Até logo!** 아잉다 벵. 아때 러구!
Seu Zé	**Até logo!** 아때 러구!

진아	안녕하세요, 제 아저씨. 잘 지내세요?
제 아저씨	잘 지내. 너는?
진아	저도요. 이네스 아주머니는 잘 지내세요?
제 아저씨	감기 걸렸어.
진아	안됐네요! 괜찮으시죠?
제 아저씨	응, 오늘은 좀 나아졌어.
진아	다행이네요. 다음에 봐요!
제 아저씨	다음에 봐!

대화 TIP

- 친한 사이일 경우 **senhor** 쎙뇨르 대신 **Seu** 쎄우라고 부르기도 합니다. 기혼 여성의 경우 **senhora** 쎙녀라 대신 **Dona** 도나라고 부르기도 합니다.

- **Como está/vai** 꼬무 이스따/(v)바이 표현 뒤에 인칭 대명사나 이름을 붙여 상대방뿐 아니라 제3자의 안부도 물을 수 있습니다.

  Como vai você? 당신 어떻게 지내요?
꼬무 (v)바이 (v)보쎄?

  Como está ela? 그녀는 어떻게 지내요?
꼬무 이스따 앨라?

  Como está a Dona Inês? 이네스 아주머니는 어떻게 지내요?
꼬무 이스따 아 도나   이네스?

새 단어 및 표현

também 또한, ~도
gripe f. 감기
Coitado/a! 안됐다!, 불쌍해라!
melhor 더 나은
hoje 오늘
Ainda bem. 다행이다.
Até logo! 또 봐요!

Diálogo 2

013

O elevador está quebrado.

Esse elevador é um problema.

Zelador	**Bom dia, Gina.** 봉　지아,　쥐나.
Gina	**Bom dia. Como vai?** 봉　지아.　꼬무　(v)바이?
Zelador	**Tudo bem. E você?** 뚜두　벵.　이　(v)보쎄?
Gina	**Estou bem. O senhor está ocupado?** 이스또우　벵.　우　쎈뇨르　이스따　오꾸빠두?
Zelador	**Não. Estou livre. Que foi?** 나웅.　이스또우　리(v)브리.　끼　(f)포이?
Gina	**O elevador está quebrado.** 우　엘레(v)바도르　이스따　께브라두.
Zelador	**De novo? Esse elevador é um problema.** 지　노(v)부?　에씨　엘레(v)바도르　애　웅　쁘로블레마.

경비	진아야, 안녕.
진아	안녕하세요. 잘 지내세요?
경비	잘 지내. 너는?
진아	잘 지내요. 아저씨 바쁘세요?
경비	아니. 지금 한가해. 무슨 일 이니?
진아	엘리베이터가 망가졌어요.
경비	또? 저 엘리베이터 정말 문 제로구나.

대화

상대방의 안색이 안 좋거나 어떤 일의 이유를 물을 때 **Que foi?** 끼 (f)포이?라고 물을 수 있습니다. '무슨 일이에요?' 혹은 '무슨 일 있어요?'를 의미합니다.

A **Que foi?** 무슨 일이야?
　끼　(f)포이?

B **Estou doente.** 나 아파.
　이스또우　도엥찌.

A **Que foi?** 무슨 일이야?
　끼　(f)포이?

B **O telefone está quebrado.** 전화가 고장 났어.
　우　뗄레(f)포니　이스따　께브라두.

새 단어 및 표현

ocupado/a 바쁜
livre 자유로운, 한가한
elevador *m.* 엘리베이터
quebrado/a 망가진, 부러진
esse 저, 저것 (지시사)
problema *m.* 문제
de novo 또, 다시

Ser 동사와 함께 쓰이는 외모, 성격 형용사

bonito/a 잘생긴, 예쁜   **feio/a** 못생긴

alto/a 키 큰   **baixo/a** 키 작은

gordo/a 뚱뚱한   **magro/a** 마른

bondoso/a 착한   **malvado/a** 나쁜

esperto/a 똑똑한   **bobo/a** 멍청한

Estar 동사와 함께 쓰이는 상태, 기분 형용사

feliz 기분 좋은

triste 슬픈

cansado/a 지친

preocupado/a 걱정되는

estressado/a 스트레스 받는

ocupado/a 바쁜

deprimido/a 우울한

bravo/a 화난

주의

몇몇 형용사는 Ser과 Estar 동사와 모두 사용할 수 있으며 어떤 동사와 사용하느냐에 따라 의미가 달라집니다.

Eu sou feliz. 저는 (원래) 행복한 사람이에요.
에우 쏘우 (f)펠리스.

Eu estou feliz. 저는 (현재) 행복한 상태예요.
에우 이스또우 (f)펠리스.

Ele é bravo. 그는 (원래) 화를 잘 내요.
엘리 애 브라(v)부.

Ele está bravo. 그는 (현재) 화난 상태예요.
엘리 이스따 브라(v)부.

안부 묻고 답하기

Tudo bem?
뚜두   벵?

Estou ótimo!
이스또우   어찌무!

A 잘 지내요?
B 아주 잘 지내요!

B의 기타 표현

Estou bem. 잘 지내요.
이스또우 벵.

▶ ótimo/a 제일 좋은, 최상의

Como está?
꼬무   이스따?

Estou mais ou menos.
이스또우   마이 (z)조우   메누스.

A 잘 지내요?
B 그럭저럭 지내요.

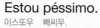

Como vai?
꼬무   (v)바이?

Estou péssimo.
이스또우   빼씨무.

A 잘 지내요?
B 잘 못 지내.

▶ péssimo/a 최악의

문법

1 빈칸에 알맞은 형태의 Estar 동사를 넣어 문장을 완성하세요.

(1) Eu _____ feliz.

(2) Você _____ cansado?

(3) Nós _____ doentes hoje.

(4) Elas _____ ocupadas agora.

2 다음 그림을 보고 Estar com 표현으로 문장을 완성하세요.

(1)

Gina está _____

(2)

Tiago está _____

(3)

Ele está _____

(4)

Félix está _____

3 다음 중 올바른 문장을 고르세요.

(1) ⓐ Ela é inteligente.
　　ⓑ Ela está inteligente.

(2) ⓐ O professor é doente.
　　ⓑ O professor está doente.

(3) ⓐ Os alunos são cansados.
　　ⓑ Os alunos estão cansados.

(4) ⓐ O carro é quebrado.
　　ⓑ O carro está quebrado.

(5) ⓐ O senhor é brasileiro?
　　ⓑ O senhor está brasileiro?

듣기 ● 녹음을 듣고 질문에 답하세요.

(1) 찌아고는 오늘 상태가 어떤가요?

① Ótimo.　　　　　　　　　② Tudo bem.

③ Mais ou menos.　　　　　④ Péssimo.

(2) 아드리아나가 마지막에 한 말의 뜻은 무엇인가요?

① 다음에 봐.　　　　　　　② 만나서 반가워.

③ 불쌍해라.　　　　　　　④ 무슨 일이야?

읽기 ● 다음 글을 읽고 질문에 답하세요.

Me chamo Gina. Eu ⓐ <u>sou</u> coreana e ⓑ <u>estou</u> no Brasil.

Eu sou magra e baixa.

Eu ⓒ <u>sou</u> alegre, mas ⓓ <u>sou</u> triste hoje.

Estou com saudade da Coreia.

(1) ⓐ~ⓓ 중 문맥상 잘못 쓰인 동사와 그것을 대체할 동사로 바르게 짝 지어진 것을 고르세요.

① ⓐ <u>sou</u> – estou　　　　② ⓑ estou – sou

③ ⓒ <u>sou</u> – estou　　　　④ ⓓ <u>sou</u> – estou

(2) 글쓴이가 남자인 경우 수정이 필요한 형용사를 올바르게 엮은 것을 고르세요.

① magra, baixa, alegre

② magra, alegre, triste

③ coreana, magra, alegre

④ coreana, magra, baixa

(3) 글쓴이에 대해 올바르게 묘사한 문장을 모두 고르세요.

① 한국인이다.　　　　　　② 키가 크고 날씬하다.

③ 오늘 기분이 좋다.　　　　④ 현재 브라질에 있다.

★ mas 그러나, 하지만

유럽식 포르투갈어 vs. 브라질식 포르투갈어

포르투갈어는 크게 유럽식 포르투갈어(Português Europeu: PE)와
브라질식 포르투갈어(Português Brasileiro: PB)로 나뉩니다.
같은 언어라는 점에서 의사소통에 문제는 없으나
발음, 어휘, 문법 등에서 약간의 차이를 보입니다.

발음

PB와 PE를 비교할 때 가장 두드러지는 차이점입니다. PB는 말의 리듬이 느리며 음율이 있습니다. 또한
강세 모음이나 비강세 모음이나 모두 정확하게 발음됩니다. 이에 비해 PE는 비강세 모음은 발음되지 않으
며 딱딱하게 느껴질 수 있습니다.

PB에서는 d와 t가 i 또는 음절 끝의 e와 나올 경우 /ㅈ/, /ㅉ/로 발음되지만 PE에서는 /ㄸ/, /ㄷ/로 발음
됩니다. 그리고, 자음이 연달아 나올 때 PB는 i를 붙여서 발음하지만 PE는 문자 그대로 발음합니다.

	PB	PE
menino 사내아이	메니누	므니누
tia 아주머니	찌아	띠아
tarde 오후, 늦게	따르지	따르드
admirar 감탄하다	아지미라르	아드미라르

어휘

같은 대상을 지칭하기 위해 다른 어휘를 사용합니다. 이때 포르투갈에서 사용하는 단어가 브라질에서 다
른 의미로 사용되는 경우도 있어 주의해야 합니다.

	PB	PE
기차	**trem**	**comboio**
버스	**ônibus**	**autocarro**
냉장고	**geladeira**	**frigorífico**
엉덩이	**bunda**	**rabo** (= PB로 '꼬리'라는 뜻)
아이스크림	**sorvete**	**gelado** (= PB로 '차가운'이라는 뜻)
여자 팬티	**calcinha**	**cueca** (= PB로 '남자 팬티'라는 뜻)

이외 표현에서도 차이를 보입니다. 예를 들어 포르투갈어에서는 '여보세요'라는 표현을
"Estou이스또우"라고 말하는 반면 브라질에서는 "Alô알로"라고 합니다.

Qual é o seu nome?

- 소유사
- 의문사
- 신상 묻기

Ele é o meu gato.
엘리 애 우 메우 가뚜

O nome dele é Félix.
우 너미 델리 애 (f)팰릭스.

그는 내 고양이예요.
그의 이름은 펠릭스예요.

● 소유사

소유사는 지칭하는 명사의 성과 수에 일치시킵니다. 명사와 함께 사용되는 경우 명사 앞에 나오며, 명사가 생략되는 경우에도 반드시 성과 수를 일치시킵니다.

인칭 대명사 (소유주)	남성형		여성형	
	단수	복수	단수	복수
eu	meu 메우	meus 메우스	minha 밍냐	minhas 밍냐스
tu	teu 떼우	teus 떼우스	tua 뚜아	tuas 뚜아스
você, ele, ela	seu 쎄우	seus 쎄우스	sua 쑤아	suas 쑤아스
nós	nosso 너쑤	nossos 너쑤스	nossa 너싸	nossas 너싸스
vocês, eles, elas	seu 쎄우	seus 쎄우스	sua 쑤아	suas 쑤아스

meus amigos 나의 친구들
메우스　아미고스

seus livros 너의 책들
쎄우스　리(v)브로스

nossa professora 우리의 선생님(여)
너싸　브로(f)페쏘라

3인칭 소유사의 경우, 소유주의 해석이 '너(희)의', '그(들)의', '그녀의(들)'로 될 수 있으므로 정확한 이해를 위해 '전치사 de + 소유주'로 표현합니다. 이 경우 '전치사 de + 소유주'는 명사 뒤에 위치합니다.

de +	ele = **dele** 델리 그의
	eles = **deles** 델리스 그들의
	ela = **dela** 댈라 그녀의
	elas = **delas** 댈라스 그녀들의

o carro **dele** 그의 자동차
우 까후　　델리

a casa **dela** 그녀의 집
아 까(z)자　댈라

os carros **deles** 그들의 자동차들
우스 까후스　　델리스

as casas **delas** 그녀들의 집들
아스 까(z)자스　댈라스

O carro é **dele**. 그 자동차는 그의 것이다.
우 까후 애 델리.

O carro é **do Tiago**. 그 자동차는 찌아고의 것이다.
우 까후　애 두　찌아구.

> **참고**
> 회화에서 3인칭 소유사 seu, sua, seus, suas는 주로 você, vocês가 소유주로 쓰일 경우 사용됩니다.
> 소유주가 você일 때: **seu** carro 너의 자동차
> 소유주가 ele/ela일 때: carro **dele/dela** 그/그녀의 자동차

Qual é o seu nome?
파우　 애 우 쎄우　 너미?
당신의 이름은 무엇입니까?

Meu nome é Adriana.
메우　 너미　 애 아드리아나.
제 이름은 아드리아나입니다.

● 의문사

포르투갈어에는 다음과 같이 8개의 의문사가 존재합니다. 의문사는 대부분의 경우 문장 가장 앞에 나옵니다.

O que 우 께/끼 Que 께/끼	무엇	Onde 옹지	어디
Quem 껭	누구, 누가	Quando 꽝두	언제
Qual 꽈우 Quais 꽈이스	어떤	Como 꼬무	어떻게
Quanto/a 꽝뚜/따 Quantos/as 꽝뚜스/따스	얼마나, 몇	Por que 뽀르끼	왜

주의
- 선택의 개념을 물을 때 주어의 수에 맞춰 단수형인 Qual과 복수형인 Quais로 구분하여 사용합니다.
- Quanto/a는 무게, 길이 등 양을 묻는 의문사이며, Quantos/as는 개수를 셀 수 있는 것, 즉 수를 묻는 의문사입니다.

● 신상 묻기

신상에 대해서 물을 때는 주로 의문사 Qual을 사용하며, 소유사를 사용하여 답합니다.

질문	대답
남성 명사일 때 **Qual é o seu** nome/endereço/e-mail? 파우　 애 우 쎄우　너미　잉데레쑤　이메이우? 당신의 이름/주소/이메일이 어떻게 됩니까?	**Meu** nome/endereço/e-mail **é ~.** 메우　 너미　잉데레쑤　이메이우　애 ~. 내 이름/주소/이메일은 ~입니다.
여성 명사일 때 **Qual é a sua** idade/profissão/nacionalidade? 파우　 애 아 쑤아　이다지　쁘로(f)피싸웅　나씨오날리다지? 당신의 나이/직업/국적이 어떻게 됩니까?	**Minha** idade/profissão/nacionalidade **é ~.** 밍냐　이다지　쁘로(f)피싸웅　나씨오날리다지　애 ~. 내 나이/직업/국적은 ~입니다.

'sou + 이름, 직업, 국적 등'을 사용하여 가장 쉽게 답변할 수 있습니다.

Eu sou a <u>Gina</u>. 저는 진아입니다.　**이름**
에우 쏘우　 아 쥐나.

　　　　 <u>estudante</u>. 저는 학생입니다.　**직업**
　　　　 이스뚜당찌.

　　　　 <u>coreana</u>. 저는 한국인입니다.　**국적**
　　　　 꼬레아나.

참고
신상을 물을 때, Qual 외 기타 의문사를 사용한 표현도 많이 사용됩니다.
추가 문법 p. 226 참조

Qual é o seu estado civil?

Sou solteira.

Funcionário	**Qual é o seu nome?** 꽈우　애 우 쎄우　너미?
Gina	**Eu sou a Gina.** 에우 쏘우　아 · 쥐나.
Funcionário	**E o seu sobrenome?** 이 우 쎄우　쏘브리너미?
Gina	**Meu sobrenome é Park.** 메우　쏘브리너미　애 빠르끼.
Funcionário	**Você poderia soletrar, por favor?** (v)보쎄　뽀데리아　쏠레뜨라르,　뽀르 (f)파(v)보르?
Gina	**P-A-R-K.** 뻬 아 에히 까.
Funcionário	**Qual é o seu estado civil?** 꽈우　애 우 쎄우　이스따두　씨(v)비우?
Gina	**Sou solteira.** 쏘우　쏘우떼라.

직원	이름이 뭐예요?
진아	저는 진아입니다.
직원	성은요?
진아	제 성씨는 박이에요.
직원	철자를 불러 주시겠어요?
진아	P-A-R-K.
직원	결혼하셨어요?
진아	미혼이에요.

대화 TIP

- 일상에서 이름의 철자를 물어보는 상황이 자주 발생할 수 있습니다. **soletrar o nome/ sobrenome**쏠레뜨라르 우 너미/쏘브리너미 는 '이름/성의 철자를 말하다/쓰다'라는 표현입니다.

- **Qual é o seu estado civil?**는 결혼 여부를 묻는 표현입니다. 브라질에서는 서류 작성 과정(은행 계좌 개설, 인터넷 설치 등)에서 신원을 밝혀야 하는 경우 결혼 여부에 대해 묻는 것이 일반적입니다. **solteiro/a**쏘우떼이루/라 (미혼), **casado/a**까(z)자두/다 (기혼), **divorciado/a**지(v)보르씨아두/다 (이혼한) 등으로 대답할 수 있습니다.

새 단어 및 표현

sobrenome *m.* 성씨
Você poderia + 동사 원형?
~해 주시겠어요? (공손한 표현)
soletrar 철자를 부르다
por favor
부탁합니다, 제발
estado civil *m.* 결혼 상태
solteiro/a 미혼

Quem é ela?

Ela é a minha namorada.

Gina	**Quem é ela?**	
	껭 애 앨라?	
Daniel	**Ela é a minha namorada.**	
	앨라 애 아 밍냐 나모라다.	
Gina	**Ah, é? O que ela faz?**	
	아 애? 우 끼 앨라 (f)파(z)즈?	
Daniel	**Ela é modelo.**	
	앨라 애 모델루.	
Gina	**Nossa! Qual é o nome dela?**	
	너싸! 꽈우 애 우 너미 델라?	
Daniel	**É Camila.**	
	애 까밀라.	

진아	저 여자는 누구야?
다니엘	내 여자 친구야.
진아	아, 그래? 무슨 일 해?
다니엘	모델이야.
진아	어머! 이름이 뭐야?
다니엘	까밀라야.

참고

faz(하다)는 Fazer 동사의 3인칭 단수 형입니다.

동사 변화 p. 232 참조

대화

O que ~ faz? 우 끼 ~ (f)파(z)즈?는 '~은/는 무슨 일을 해요?'라는 표현으로 직업을 묻는 또 다른 표현입니다.

O que você faz? 당신은 무슨 일을 해요?
우 끼 (v)보쎄 (f)파(z)즈?

= **Qual é a sua profissão?** 당신의 직업이 어떻게 돼요?
꽈우 애 아 쑤아 브로(f)피싸웅?

O que ele/ela faz? 그/그녀는 무슨 일을 해요?
우 끼 엘리/앨라 (f)파(z)즈?

= **Qual é a profissão dele/dela?** 그/그녀의 직업이 어떻게 돼요?
꽈우 애 아 브로(f)피싸웅 델리/댈라?

새 단어 및 표현

namorado/a 애인
Ah, é? 그래?
modelo *m.f.* 모델
Nossa! 세상에!, 맙소사!

직업명

fazendeiro/a
농부

secretário/a
비서

médico/a
의사

advogado/a
변호사

arquiteto/a
건축가

dona de casa
f. 주부

**funcionário/a,
empregado/a**
직장인

engenheiro/a
엔지니어

ator/atriz 배우
artista 연예인

escritor(a)
작가

jornalista
m.f. 기자

pianista
m.f. 피아니스트

pintor(a)
화가

professor(a)
선생님

atleta
m.f. 운동선수

músico/a
음악가

참고

-ista로 끝나는 직업군은 앞에 정관사 o, a를 붙여 성별을 표시합니다.

O pianista é coreano. 그 피아니스트(남)는 한국인이야.
우 삐아니스따　애 꼬레아누.

A jornalista é coreana. 그 기자(여)는 한국인이야.
아 조르날리스따　애 꼬레아나.

48

상황별 인사말

Obrigado.
오브리가두.

De nada.
지　나다.

A 고맙습니다.
B 천만에요.

A의 기타 표현

Muito obrigado. 대단히 감사합니다.
무이뚜　오브리가두.

참고

화자가 남성일 때는 Obrigado 오브리가두,
여성일 때는 Obrigada 오브리가다라고 합
니다.

Desculpe.
지스꾸우삐.

Não foi nada.
나웅　(f)포이나다.

A 미안합니다.
B 괜찮습니다.

A의 기타 표현

Perdão. 용서하세요.
뻬르다웅.

Sinto muito. 죄송합니다., 유감입니다.
씽뚜　무이뚜.

B의 기타 표현

Tudo bem. 괜찮습니다.
뚜두　벵.

Com licença.
꽁　리쎙싸.

A 실례합니다.

A의 기타 표현

Dá licença. 실례합니다.
다　리쎙싸.

Uma água, por favor.
우마　아구아　뽀르 (f)파(v)보르.

A 물 한 잔 부탁합니다.

A의 기타 표현

Uma água, por gentileza.
우마　아구아，뽀르 쳉찔레(z)자.
물 한 잔 부탁합니다.

참고

por favor, por gentileza는 정중하게
부탁할 때 쓰는 표현이며, '제발', '부디'라는
의미도 있습니다.

문법

1 빈칸에 알맞은 소유사를 넣으세요.

minha	dele	nosso	meu	dela	sua

(1) Ele é _____ amigo.

(2) O nome _____ é Daniel.

(3) Ela é a _____ namorada.

(4) O nome _____ é Camila.

(5) Ela é a _____ esposa

(6) Ela é o _____ gato.

★ esposa *f.* 아내

2 올바른 소유사를 사용하여 다음 질문에 답하세요.

(1) A Seus filhos são altos? B Sim, _____.

(2) A Ela é a sua esposa? B Não, _____.

(3) A O gato é seu? B Não, _____.

(4) A Sua amiga é coreana? B Sim, _____.

3 빈칸에 알맞은 의문사를 넣으세요.

Quando	O que	Quem	Qual	Por que	Onde

(1) 그는 누구야? → _____ é ele?

(2) 어떤 게 네 책이야? → _____ é o seu livro?

(3) 카니발 축제는 언제야? → _____ é o Carnaval?

(4) 너는 왜 슬프니? → _____ você está triste?

● 녹음을 듣고 준호의 신상 정보를 올바른 내용으로 채우세요.

021

(1) nome: Juno _____

(2) nacionalidade: ☐ brasileira

☐ coreana

(3) estado civil: ☐ solteiro

☐ casado

☐ divorciado

(4) profissão: ☐ estudante

☐ engenheiro

(5) e-mail: _____ @email.com

★ arroba 이메일 주소에 쓰이는 기호 @

읽기 ● 다음 대화를 읽고 질문에 답하세요.

Camila ⓐ _____ é ela?

Daniel Ela é minha amiga, Gina.

Camila ⓑ De onde ela é?

Daniel Ela é coreana.

Camila ⓒ O que ela faz?

Daniel Ela é estudante.

(1) ⓐ에 들어갈 들어갈 알맞은 의문사를 쓰세요.

_____

(2) ⓑ를 대체할 수 있는 문장을 고르세요.

① Qual é o seu nome?

② Qual é a sua profissão?

③ Qual é o seu estado civil?

④ Qual é a sua nacionalidade?

(3) 다른 의문사를 사용하여 ⓒ와 같은 의미의 문장을 쓰세요.

_____

브라질 사람들의 이름과 호칭

브라질 사람들은 이름이 매우 깁니다. 주로 자신의 이름과 더불어 어머니의 성과 아버지의 성을 붙입니다. 이외에도 조부모의 이름이나 애칭을 넣어 미들 네임nome do meio을 사용하기도 합니다. 결혼하면 배우자의 성도 추가할 수 있는데 주로 여성이 남편의 성을 붙입니다. 예를 들어 José Carlos Oliveira da Silva라는 이름에서 Oliveira는 어머니의 성, da Silva는 아버지의 성을 가져온 것입니다. Inês de Souza Santos라는 사람이 그와 결혼한다면 Inês Santos da Silva가 됩니다.

누군가를 부를 때는 이름만 부르는 게 일반적입니다. 본인보다 나이가 많은 사람이나 상사를 부를 때도 이름으로 부릅니다. 친한 사이에서는 이름을 줄여서 부르는데 예를 들면 José조제를 Zé제라고 줄여서 부릅니다.

격식을 차리는 자리나 예의를 갖출 때는 Senhor(a)와 성씨를 부르기도 합니다. 예를 들어 호텔을 예약할 때 손님의 이름을 Sr. Silva라고 부릅니다.

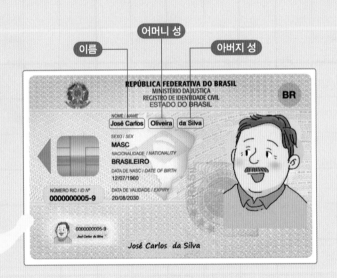

브라질에서 가장 흔한 성

① Silva	② Santos	③ Oliveira
④ Souza 또는 Sousa	⑤ Lima	⑥ Pereira
⑦ Ferreira	⑧ Costa	⑨ Rodrigues
⑩ Almeida	⑪ Nascimento	⑫ Alves
⑬ Carvalho	⑭ Araújo	⑮ Ribeiro

De quem é isso?

동영상 강의

- 지시사 & 장소 부사

- De quem é ~? 표현

- 숫자 0~10

- Ter 동사

주요 구문 & 문법 Frases-chave & Gramática

De quem é este carro?
지 껭 애 에스찌 까후?
이 자동차는 누구 거야?

Esse carro é meu.
에씨 까후 애 메우.
그 자동차는 내 거야.

● 지시사 & 장소 부사

	지시사				중성 지시 대명사	장소 부사
	단수		복수			
	남성	여성	남성	여성		
이, 이것	este 에스찌	esta 애스따	estes 에스찌스	estas 애스따스	isto 이스뚜	aqui 아끼 여기
그, 그것	esse 에씨	essa 애싸	esses 에씨스	essas 애싸스	isso 이쑤	aí 아이 거기
저, 저것	aquele 아껠리	aquela 아껠라	aqueles 아껠리스	aquelas 아껠라스	aquilo 아낄루	ali 알리 저기 lá 라 (더 먼 개념의) 저기

지시사

지시사는 명사 앞에 위치하며 명사가 생략되는 경우에도 가리키는 명사의 성·수와 일치시킵니다. 중성 지시 대명사는 수의 변화가 일어나지 않으며 독립적으로 사용합니다.

Esse carro é azul. 그 차는 파란색입니다.
에씨 까후 애 아(z)주우.

Isto é caro. 이것은 비쌉니다.
이스뚜 애 까루.

장소 부사

장소 부사는 '지시사 + 명사 + 장소 부사' 순으로 사용하거나 독립적으로 사용합니다. 해당하는 지시사와 일치시킵니다.

Aquela casa lá é minha. 저기 저 집은 제 것입니다.
아껠라 까(z)자 라 애 밍냐.

Aqui é o meu escritório. 여기가 제 사무실입니다.
아끼 애 우 메우 이스끄리떠리우.

> **참고**
> 브라질에서는, 특히 구어체에서 este/esse와 isto/isso가 구별 없이 사용되곤 합니다. 원래는 장소 부사와도 일치시켜야 하지만 혼용하는 경우가 많습니다.
> Esse livro aqui 여기 그 책 (직역) → '여기 이 책'을 의미
> Aquele livro aí 거기 저 책 (직역) → '거기 그 책'을 의미

● De quem é ~? 표현

질문	**De quem é ~?** ~은/는 누구 것입니까?
답변	~ é de + 소유주. ~은/는 (소유주)의 것입니다.
	~ é + 소유사(meu/minha, teu/tua, seu/sua…) ~은/는 (나의, 너의, 그의, 그녀의…) 것입니다.

A **De quem é** este livro? 이 책은 누구 건가요?
지 껭 애 에스찌 리(v)브루?
B Esse livro é **dele**. 그 책은 그의 것입니다.
에씨 리(v)브루애 델리.

A **De quem são** estas canetas?
지 껭 싸웅 애스따스 까네따스?
이 볼펜들은 누구 건가요?
B São **minhas**. 내 것입니다.
싸웅 밍냐스.

54

Quantos anos ele tem?
꽝뚜스 아누스 엘리 뗑?
몇 살이에요?

Ele tem 2 anos.
엘리 뗑 도이스 아누스.
2살이에요.

● 숫자 0~10

0	zero (z)제루	4	quatro 꽈뜨루	8	oito 오이뚜
1	um/uma 웅/우마	5	cinco 씽꾸	9	nove 너(v)비
2	dois/duas 도이스/두아스	6	seis 쎄이스	10	dez 대스
3	três 뜨레스	7	sete 쌔찌		

1 & 2

숫자 1과 2는 여성형이 존재합니다. 수식하는 명사 앞에 위치하며 성에 맞춰 줍니다.

dois carros 차 두 대
도이스 까후스

cinco livros 책 다섯 권
씽꾸 리(v)브루스

duas casas 집 두 채
두아스 까(z)자스

oito músicas 노래 8곡
오이뚜 무(z)지까스

> **참고**
> 6은 meia메이아라고도 합니다. 'half-dozen'을 뜻하는 **meia-dúzia**메이아 두(z)지아에서 유래되었습니다. 숫자를 불러 주는 상황 등 다른 숫자와의 혼동을 피하기 위해 사용합니다.

● Ter 동사

Ter 동사는 '가지다'라는 뜻의 불규칙 동사로, 이후 등장할 여러 가지 용법에서 활용될 주요 동사 중 하나입니다.

eu	**tenho** 뗑뉴	nós	**temos** 떼무스
você, ele, ela	**tem** 뗑	vocês, eles, elas	**têm** 뗑

Eu **tenho** um carro. 나는 차 한 대를 가지고 있다.
에우 뗑뉴 웅 까후.

Ela **tem** cinco canetas. 그녀는 펜 다섯 자루를 가지고 있다.
앨라 뗑 씽꾸 까네따스.

A Quantos carros eles **têm**? 그들은 차를 몇 대 갖고 있나요?
꽝뚜스 까후스 엘리스 뗑?

B Eles **têm** dois carros. 그들은 차를 두 대 갖고 있어요.
엘리스 뗑 도이스 까후스.

Quem é este homem aqui?

Ele é o meu tio.

Camilia	**Quem é este homem aqui?** 껭 애 에스찌 오멩 아끼?
Daniel	**Ele é o meu tio. É o irmão da minha mãe.** 엘리 애 우 메우 찌우. 에 우 이르마웅 다 밍냐 므아이.
Camilia	**E este bebê, quem é?** 이 에스찌 베베, 껭 애?
Daniel	**É o meu primo.** 애 우 메우 브리무.
Camilia	**Ele é muito fofo. Quantos anos ele tem?** 엘리 애 무이뚜 (f)포(f)푸. 꽝뚜스 아누스 엘리 뗑?
Daniel	**Ele tem três anos.** 엘리 뗑 뜨레스 아누스.
Camilia	**Ele é parecido com o seu tio.** 엘리 애 빠레씨두 꽁 우 쎄우 찌우.
Daniel	**Claro! Ele é filho dele.** 끌라루! 엘리 애 (f)필류 델리.

까밀라	여기 이 남자 분은 누구셔?
다니엘	내 삼촌이야. 엄마의 남동생 이야.
까밀라	이 애기는 누구야?
다니엘	내 사촌이야.
까밀라	엄청 귀엽네. 몇 살이야?
다니엘	3살이야.
까밀라	네 삼촌을 닮았네.
다니엘	당연하지! 삼촌 아들인데.

대화 TIP

- **ser parecido/a com**은 '~와/과 닮다'라는 표현으로 주어가 남성일 때는 **parecido**
  빠레씨두, 여성일 때는 **parecida** 빠레씨다를 사용합니다.

  Eu sou parecido com meu pai. 나(남)는 아빠를 닮았다.
  에우 쏘우 빠레씨두 꽁 메우 빠이.

  Ela é parecida com a mãe dela. 그녀는 그녀의 엄마를 닮았다.
  앨라 에 빠레씨다 꽁 아 므아이 델라.

- **Quantos/as ~ você tem?** 꽝뚜스/따스 ~ (v)보쎄 뗑?은 '당신은 ~을/를 몇 개 가지고 있나
  요?'를 묻는 질문입니다.

  Quantos filhos você tem? 당신은 자식이 몇 명인가요?
  꽝뚜스 (f)필류스 (v)보쎄 뗑?

  Quantas músicas você tem? 당신을 노래를 몇 곡 가지고 있나요?
  꽝따스 무(z)지까스 (v)보쎄 뗑?

새 단어 및 표현

tio *m.* 삼촌
irmão *m.* 형제
bebê *m.f.* 아기
primo *m.* 남자 사촌
fofo/a 귀여운
ano *m.* 해, 년
Claro! 당연하지!

É aquela moça lá?

Isso!

Camilia	**O que é aquilo na mesa?** 우 끼 애 아낄루 나 메(z)자?
Daniel	**É um celular!** 애 웅 쎌룰라르!
Camilia	**De quem é?** 지 껭 애?
Daniel	**É da Adriana, minha professora de** 애 다 아드리아나, 밍냐 브로(f)페쏘라 지 **português.** 보르뚜게스.
Camilia	**Como ela é?** 꼬무 앨라 애?
Daniel	**Ela é alta e tem cabelo loiro.** 앨라 애 아우따 이 뗑 까벨루 로이루.
Camilia	**É aquela moça lá?** 애 아깰라 모싸 라?
Daniel	**Isso!** 이쑤!

까밀라 책상에 저게 뭐야?
다니엘 핸드폰이네!
까밀라 누구 거야?
다니엘 내 포르투갈어 선생님 아드
       리아나 거야.
까밀라 그녀는 어떻게 생겼어?
다니엘 키가 크고 금발이야.
까밀라 저기 저 젊은 여자 분이야?
다니엘 맞아!

대화 TIP

- **Como ela é?**꼬무 앨라 애?는 직역하면 '그녀는 어때?'라는 표현으로 외모나 성격을 물을 때
  사용하는 표현입니다.

- **Isso!**이쑤!는 '바로 그거야!'를 의미합니다. **É isso aí!** 애 이쑤 아이!도 같은 의미로 쓰입니다.

새 단어 및 표현

mesa *f.* 책상
celular *m.* 핸드폰
cabelo *m.* 머리카락
loiro/a 금발(의)
moça *f.* 젊은 여성

가족

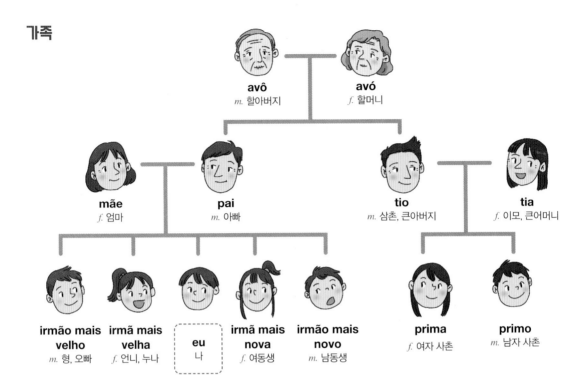

avô
m. 할아버지

avó
f. 할머니

mãe
f. 엄마

pai
m. 아빠

tio
m. 삼촌, 큰아버지

tia
f. 이모, 큰어머니

irmão mais velho
m. 형, 오빠

irmã mais velha
f. 언니, 누나

eu
나

irmã mais nova
f. 여동생

irmão mais novo
m. 남동생

prima
f. 여자 사촌

primo
m. 남자 사촌

---

família 가족

pais *m.* 부모님
filho *m.* 아들
filha *f.* 딸
filhos *m.* 자녀
marido *m.* 남편
esposa *f.* 아내

parente 친척

sogro *m.* 장인, 시아버지
sogra *f.* 장모, 시어머니
genro *m.* 사위
nora *f.* 며느리
sobrinho/a 조카
cunhado/a 처남, 동서
neto/a 손자, 손녀

> **참고**
> tio는 삼촌을 포함한 집안의 남자 어른(고모부, 이모부 또는 아저씨)을 나타내며, tia 또한 이모를 포함한 집안의 여자 어른(고모, 숙모 또는 아주머니)을 나타냅니다.

생애 주기

bebê
m.f. 아기

criança
f. 어린이

adolescente
m.f. 청소년

moço/a
청년

jovem
m.f. 젊은 남성/여성

senhor(a)
아저씨, 아주머니

idoso/a
늙은, 노년의

일상 표현

Bem-vindo ao Brasil!
벵　(v)빙두　아우 브라(z)지우!

Obrigado.
오브리가두.

A 브라질에 오신 것을 환영합니다!
B 고맙습니다.

참고

상대방이 남자인 경우 bem-vindo, 여자인 경우 bem-vinda를 사용합니다. 환영하는 대상이 여러 명일 경우 bem-vindos를 사용하며 모두 여자일 경우 bem-vindas라고 할 수 있습니다.

Parabéns!
빠라뱅스!

Obrigada pela festa.
오브리가다　벨라　(f)패스따.

A 축하해!
B 파티 열어 줘서 고마워.

A의 기타 표현

Meus parabéns. 축하합니다.
메우스　빠라뱅스.

참고

- **Obrigado/a + 전치사 por + 명사:** 감사 표현

  Obrigado pelo presente.
  오브리가두　벨루　브레(z)젱찌.
  선물 고맙습니다.

  Obrigado pela ajuda.
  오브리가두　벨라　아주다.
  도와주셔서 고맙습니다.

- **전치사 por와 정관사의 결합 형태**

  por + o = pelo 벨루
  por + os = pelos 벨루스
  por + a = pela 벨라
  por + as = pelas 벨라스

Fique à vontade!
(f)피끼　아 (v)봉따지!

Obrigada pelo convite.
오브리가다　벨루　꽁(v)비찌.

A 편히 계세요!
B 초대해 주셔서 감사합니다.

A의 기타 표현

Sinta-se em casa. 내 집처럼 편히 계세요.
싱따　씨 엥　까(z)자.

참고

Fique à vontade!는 상대방이 허락을 요청했을 때 '마음껏 하세요!', '그렇게 하세요!'라는 의미의 답변으로도 쓰입니다.

문법

1   각 그림에 해당하는 숫자를 풀어 쓰세요.

(1)

_____ gato

(2)

_____ canetas

(3)

_____ carros

(4)

_____ livros

2   빈칸에 알맞은 형태의 Ter 동사를 넣어 문장을 완성하세요.

(1)   Eu _____ um carro.

(2)   Você _____ o livro de português?

(3)   Eles _____ um gato.

(4)   Nós _____ dois filhos.

3   보기 와 같이 누구의 것인지 묻고 답하세요.

> 보기
>
> A   De quem é _este_ celular aqui?
>
> B   _Esse celular_ é do Juno.

(1)   A   De quem é _____ mochila aqui?

     B   _____ da Gina.

(2)   A   De quem são _____ livros aí?

     B   _____ da Adriana.

(3)   A   De quem são _____ canetas ali?

     B   _____ do Daniel.

★ mochila *f.* 배낭

듣기 ● 녹음을 듣고 질문에 답하세요.

026

(1) Quantos irmãos o Tiago tem?

① um irmão　　　　② uma irmã

③ dois irmãos　　　④ duas irmãs

(2) Quantos anos a sobrinha tem?

① 1 ano　　　　　② 2 anos

③ 5 anos　　　　　④ 10 anos

읽기 ● 다음 대화를 읽고 지갑의 주인을 찾으세요.

Tiago	O que é isso?
Juno	É uma carteira.
Tiago	De quem é essa carteira?
Juno	É de uma senhora.
Tiago	Como ela é?
Juno	Ela é baixa, magra e tem cabelo branco.

① 　② 　③ 　④

★ carteira f. 지갑 | branco/a 흰색의, 흰

브라질의 기본 인사법과 금기 사항

브라질 사람들은 반가운 사람을 만났을 때 서로 악수를 하거나 베이징뉴beijinho(볼 뽀뽀)를 합니다. 베이징뉴는 여자와 여자 사이, 또는 남자와 여자 사이에만 하고, 남자들끼리는 하지 않습니다. 볼을 마주 대며 입으로 '쪽' 하는 소리를 내는데, 때로로 남자가 여자 볼에 입술을 대서 뽀뽀를 하기도 합니다. 주로 한 번 또는 양쪽을 두 번 번갈아 합니다. 리우데자네이루와 같은 지역에서는 양쪽을 번갈아 가며 세 번 하기도 합니다. 브라질에서는 모르는 사람과 마주쳤을 때도 꼭 인사를 합니다. 보통 Bom dia, Boa tarde, Boa noite 등의 간단한 인사를 하며 안부를 주고 받습니다.

더불어 브라질에서는 조심해야 할 제스처나 행동들이 있는데, 먼저 한국에서 '오케이'를 의미하는 제스처는 브라질에서는 욕이기 때문에 절대 해서는 안 됩니다. 그 대신 '좋다'는 뜻으로 엄지를 치켜세우며 'tá bom따봉' 제스처를 사용하면 됩니다. 이와는 반대로 우리나라에서는

좋지 않은 의미의 제스처인 엄지를 검지와 중지 사이에 넣는 것은 브라질에서 'figa피가'라고 불리며 행운을 상징합니다. 행운을 빌어 주거나 액운을 막는 부적인 amuleto아물레뚜로 사용됩니다.

브라질은 총기 소지가 합법적인 나라이므로, 강도를 만났을 때 절대로 힘으로 제압하거나 저항하지 말아야 합니다. 또한 지갑을 꺼내기 위해 손을 주머니에 넣으면 총을 꺼내는 것으로 착각할 수 있어 위험하므로, 우선 두 손을 들고 주머니나 가방을 가리켜 직접 가져가라고 하는 것이 안전합니다. 대화가 안 될 때는 천천히 소지품을 꺼내 총이 아니라는 것을 확인시키고 넘겨 주는 것이 좋습니다.

Onde você está?

동영상 강의

- 전치사 em

- 위치 묻기

- 위치를 나타내는 전치사구

- Há / Tem ~: ~이/가 있다

Onde está o seu carro?
옹지 이스따 우 쎄우 까후?
당신 차는 어디 있나요?

Está na garagem.
이스따 나 가라쥉.
주차장에 있어요.

● 전치사 em

전치사 em은 장소 명사와 사용할 경우 '~에(서)'를 의미합니다. 정관사와 결합하는 경우 그 결합 형태는 수반하는 명사의 성과 수에 일치시킵니다.

Estou em casa. 나는 집에 있다.
이스또우 엥 까(z)자.

Ele está na escola. 그는 학교에 있다.
엘리 이스따 나 이스껄라.

O dinheiro está no bolso. 돈은 주머니에 있다.
우 징네이루 이스따 누 보우쑤.

> **참고**
> **전치사 em과 정관사의 결합 형태**
> em + o = no 누 em + os = nos 누스
> em + a = na 나 em + as = nas 나스

● 위치 묻기

건물이나 장소 등 고정된 것의 위치를 물을 때는 의문사 Onde와 함께 Ser, Estar, Ficar(머무르다) 동사를 사용합니다. 이에 반해 사람, 동물, 사물 등 움직이는 것의 위치를 물을 때는 Estar 동사만 사용합니다. 이때 주격 인칭 대명사의 경우 동사 앞이나 뒤에 위치할 수 있으며, 나머지 명사는 동사 뒤에 위치합니다.

건물, 장소 등 고정된 것의 위치를 물을 때	움직이는 사람/사물의 위치를 물을 때
Ser, Estar, Ficar	Estar
Onde é/está/fica o banheiro? 화장실 어디예요? 옹지 애 이스따 (f)피카 우 방네이루?	**Onde você está?** 당신 어디 계세요? 옹지 (v)보쎄 이스따? **Onde está o seu celular?** 당신의 핸드폰 어디 있나요? 옹지 이스따 우 쎄우 쎌룰라르?

A **Onde está o seu carro?** 당신의 차는 어디 있나요?
옹지 이스따 우 쎄우 까후?

B **Está na garagem.** 주차장에 있어요.
이스따 나 가라쥉.

A **Onde fica/é/está a garagem?** 주차장은 어디 있어요?
옹지 (f)피카 애 이스따 아 가라쥉?

B **Fica/É/Está perto daqui.** 여기서 가까워요.
(f)피카 애 이스따 뻬르뚜 다끼.

> **참고**
> 브라질에서는 Cadê ~?까데 ~?라는 구어적인 표현을 사용하여 고정된 것과 움직이는 것의 위치를 모두 통틀어 물어볼 수 있습니다.
> **Cadê você?** 너 어디 있니?
> 까데 (v)보쎄?
> **Cadê o seu carro?** 네 차 어디 있어?
> 까데 우 쎄우 까후?

Cadê o Félix?
까데　우 (f)펠릭스?
펠릭스는 어딨어요?

Ele está dentro da caixa.
엘리 이스따 뎅뜨루　다 까이샤.
상자 안에 있어요.

● 위치를 나타내는 전치사구

sobre, em cima de
쏘브리, 엥 씨마　지
위에

debaixo de, embaixo de
지바이슈　지, 엥바이슈　지
아래에

em frente de
엥 (f)프렝찌 지
앞에

atrás de
아뜨라스 지
뒤에

ao lado de
아우 라두　지
옆에

à direita de
아 지레이따　지
오른쪽에

à esquerda de
아 이스께르다　지
왼쪽에

entre A e B
엥뜨리 아 이 베
A와 B 사이에

dentro de
뎅뜨루　지
안에

fora de
(f)퍼라 지
밖에

Ele está em frente do banco. 그는 은행 앞에 있습니다.
엘리 이스따 엥　(f)프렝찌 두　방꾸.

Estamos atrás de você. 우리는 당신 뒤에 있습니다.
이스따무스　아뜨라스 지　(v)보쎄.

Estou **au lado do** carro. 저는 차 옆에 있습니다.
이스또우 아우 라두　두　까후.

O banco está **entre** o supermercado e a padaria. 은행은 슈퍼마켓과 빵집 사이에 있습니다.
우　방꾸　이스따 엥뜨리　우 쑤뻬르메르까두　　이 아 빠다리아.

● Há/Tem ~: ~이/가 있다

포르투갈어에서 '~이/가 있다'라는 표현은 Ter 동사와 Haver 동사를 사용합니다. 주어 없이 항상 3인칭 단수로만 사용됩니다. 브라질에서는 Ter 동사가 구어체에서 더 많이 사용됩니다.

Há/Tem três árvores no parque. 공원에 나무 세 그루가 있다.
아　　뗑　　뜨레스 아르(v)보리스 누　　빠르끼.

Onde você está?

Estou no meu escritório.

Adriana Onde você está?
옹지 (v)보쎄 이스따?

Tiago Estou no meu escritório.
이스또우 누 메우 이스끄리떠리우.

Adriana Onde fica o seu escritório?
옹지 (f)피카 우 쎄우 이스끄리떠리우?

Tiago Fica na Avenida Paulista.
(f)피카 나 아(v)베니다 빠울리스따.

Adriana É mesmo? É perto da minha casa!
애 메(z)즈무? 애 빼르뚜 다 밍냐 까(z)자!

Tiago Onde é a sua casa?
옹지 애 아 쑤아 까(z)자?

Adriana É em frente da praça. Tem um parque
애 엥 (f)프렝찌 다 브라싸. 뗌 웅 빠르끼

ao lado.
아우 라두.

아드리아나 너 어디야?
찌아고 나 사무실이야.
아드리아나 네 사무실은 어디에 있어?
찌아고 빠울리스따 대로에 있어.
아드리아나 정말? 우리 집과 가깝네!
찌아고 너희 집은 어디에 있어?
아드리아나 광장 앞에 있어. 옆에 공원
이 있어.

대화 TIP

'내 집'을 의미하는 경우 정관사 **a**가 붙지 않습니다.

Eu estou em casa. 나는 (내) 집에 있다.
에우 이스또우 엥 까(z)자.

Eu estou na casa dos meus pais. 나는 부모님 집에 있다.
에우 이스또우 나 까(z)자 두스 메우스 빠이스.

다만, 소유사를 붙일 경우 정관사가 붙을 수 있습니다.

perto de casa 집에서 가까운
빼르뚜 지 까(z)자

perto de minha casa = perto da minha casa 내 집에서 가까운
빼르뚜 지 밍냐 까(z)자 빼르뚜 다 밍냐 까(z)자

새 단어 및 표현

escritório *m.* 사무실
avenida *f.* 대로
É mesmo? 진짜?
É perto de ~ ~에서 가깝다
praça *f.* 광장

Cadê o meu celular?

Adivinha!

Seu Zé	**Cadê a minha carteira?** 까데 아 밍냐 까르떼이라?
Dona Inês	**Está em cima da mesa.** 이스따 엥 씨마 다 메(z)자.
Seu Zé	**E onde estão as minhas meias?** 이 옹지 이스따웅 아스 밍냐스 메이아스?
Dona Inês	**Estão dentro do guarda-roupa.** 이스따웅 뎅뜨루 두 과르다 호우빠.
Seu Zé	**E cadê o meu celular?** 이 까데 우 메우 쎌룰라르?
Dona Inês	**Adivinha!** 아지(v)빙냐!

제 아저씨	내 지갑 어디 있어요?
이네스 아주머니	책상 위에 있어요.
제 아저씨	내 양말은 어디 있어 요?
이네스 아주머니	옷장 안에 있어요.
제 아저씨	내 핸드폰은 어디 있 어요?
이네스 아주머니	맞혀 봐요!

대화 TIP

포르투갈어에는 복수형이 기본 형태로 사용되는 명사들이 있습니다. **óculos**어꿀루스(안경),
meias메이아스(양말), **calças**까우싸스(바지), **tesouras**떼(z)조라스(가위) 등이 이에 해당합니
다. 그러나 **óculos**를 제외한 나머지 세 단어의 경우, 브라질에서 단수 형태(**meia, calça,
tesoura**)로 많이 사용되며 복수 형태와 함께 문법상 맞는 표현으로 인정됩니다.

   Meus óculos são grandes. 내 안경은 큽니다.
   메우스 어꿀루스 싸웅 그랑지스.
   Minha meia é branca. = Minhas meias são brancas. 내 양말은 흰색입니다.
   밍냐 메이아 애 브랑까.   밍냐스 메이아스 싸웅 브랑까스.

새 단어 및 표현

carteira *f.* 지갑
meia(s) *f.* 양말
guarda-roupa *m.* 옷장
Adivinha! 맞혀 봐요!

집 구조

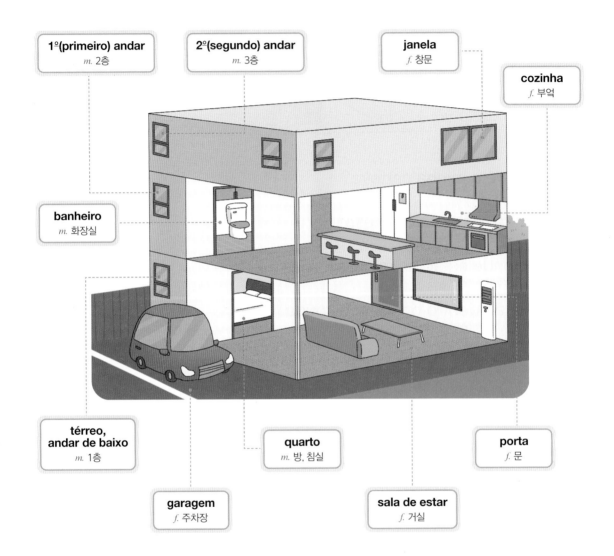

1°(primeiro) andar
m. 2층

2°(segundo) andar
m. 3층

janela
f. 창문

cozinha
f. 부엌

banheiro
m. 화장실

**térreo,
andar de baixo**
m. 1층

quarto
m. 방, 침실

porta
f. 문

garagem
f. 주차장

sala de estar
f. 거실

참고

브라질에서는 건물이나 아파트의 경우 지상 1층을 **térreo**라고 합니다. 엘리베이터에도 **T**자 버튼이 있습니다. 지상 2층은 **1° andar**(1층), 지상 3층은 **2° andar**(2층)이라고 합니다.

Que를 사용한 감탄문

'Que + 형용사!' 감탄문

Que legal!
끼 레가우!

A 멋지다!

> **참고**
> • Que에 형용사를 붙여 감탄문을 만들 수 있습니다.
> • Que legal!는 긍정을 표현하는 감탄사로 '재미있다', '좋다' 등의 의미로 다양한 상황에서 사용됩니다.

Que absurdo!
끼 아비쑤르두!

A 말도 안 돼!

> **참고**
> Que interessante! 흥미롭네!
> 끼 잉떼레쌍지!
> Que bom! 잘됐네!, 좋네!
> 끼 봉!
> Que chato! 재미없다!, 지루하다!, 나쁘다!
> 끼 샤뚜!
> Que engraçado! 웃기다!
> 끼 잉그라싸두!

'Que + 명사 (+ 형용사)!' 감탄문

Que susto!
끼 쑤스뚜!

A 아이고 놀라라!

> **참고**
> Que에 명사를 붙여 감탄사를 만들 수도 있습니다.
> Que pena! 아쉽다!, 안됐다!
> 끼 뻬나!

Que moça bonita!
끼 모싸 보니따!

A 아름다운 아가씨네!

> **참고**
> 'Que + 명사 + 형용사'로도 감탄문을 만들 수 있습니다. 형용사를 생략할 수도 있는데, 생략된 형용사의 의미는 상황에 따라 유추할 수 있습니다.
> Que dia bonito! 아름다운 날씨네요!
> 끼 지아 보니뚜!
> Que carro chique! 멋스러운 자동차네!
> 끼 까후 쉬끼!
> Que festa chata! 재미없는 파티네!
> 끼 (f)패스따 샤따!

연습 문제 Exercícios

문법 1 아래의 단어를 한 번씩 사용해 빈칸을 채우세요.

está	cadê	há/tem	estão	fica

(1) Onde _____ os meus livros?

(2) Onde você _____?

(3) Onde _____ o banheiro?

(4) _____ um supermercado lá.

(5) _____ o meu celular?

2 그림을 보고 올바른 위치 전치사구와 연결하세요.

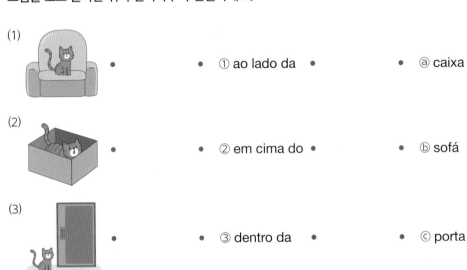

(1) •   • ① ao lado da •   • ⓐ caixa

(2) •   • ② em cima do •   • ⓑ sofá

(3) •   • ③ dentro da •   • ⓒ porta

3 그림을 보고 질문에 답하세요.

(1) Onde está Seu Zé?

① na sala de estar   ② no carro

③ no quarto   ④ no banheiro

(2) Onde fica o banheiro?

① em frente da garagem   ② ao lado do quarto

③ à esquerda da cozinha   ④ dentro do quarto

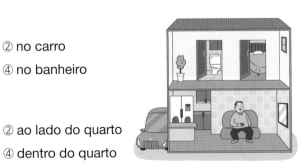

듣기 ● 녹음을 듣고 질문에 답하세요.

(1) 진아와 다니엘이 각각 있는 장소로 올바르게 짝 지은 것을 고르세요.
   ① 진아 – 공원, 다니엘 – 광장
   ② 진아 – 광장, 다니엘 – 집
   ③ 진아 – 집, 다니엘 – 공원
   ④ 진아 – 공원, 다니엘 – 집

(2) 공원의 위치를 올바르게 묘사한 것을 고르세요.
   ① 공원은 광장 앞에 있다.
   ② 공원은 시청 옆에 있다.
   ③ 공원은 진아의 집 근처에 있다.
   ④ 공원은 다니엘의 집 뒤에 있다.

읽기 ● 다음 그림을 보고 일치하는 설명에는 O를, 일치하지 않는 설명에는 X를 표시하세요.

(1) Há um supermercado.   (   )

(2) Tem uma padaria ao lado do banco.   (   )

(3) A padaria está entre o banco e a garagem.   (   )

(4) A garagem está atrás do supermercado.   (   )

(5) O Seu Zé está dentro da padaria.   (   )

브라질 지역별 특징

브라질은 국토가 광활하여 크게 5지역(북부, 북동부, 중서부, 남동부, 남부)로 나뉩니다.
기후, 문화, 발음 등 각 지역의 특징이 매우 뚜렷하게 구별될 뿐 아니라
각 지역의 사람들에 대한 명칭과 장난스러운 편견도 존재합니다.

Norte 북부

브라질 국토의 반 정도를 차지합니다. 아마존이 위치한 곳이며 인디오 보호 구역도 존재합니다. 아마존 숲은 세계에서 가장 크고 다양한 생물이 사는 열대 우림으로서 지구의 허파라고 불립니다. 브라질의 다른 지역 사람들은 북부에는 숲밖에 없다고 이야기하며 북부 사람들은 모두 인디오라는 편견이 있습니다.

Nordeste 북동부

건조한 기후의 Sertão(오지)가 위치한 곳으로 지리적인 조건이 좋지 않아 척박한 삶을 상징합니다. 같은 북동부 내에서도 해안 지역은 브라질에서 가장 아름다운 해변이 위치한 곳입니다.

nordestino/a (북동부 지역 사람): 촌스럽고 배움이 부족하다는 편견.
baiano/a (바이아 주 사람): 게으르다는 편견.

Centro-Oeste 중서부

브라질의 수도이자 연방구인 브라질리아가 위치한 곳입니다. 브라질리아는 계획 도시로 정부의 각 부처와 행정 기관, 각국 대사관이 있는 곳이며 세계 유산으로 등록된 곳이기도 합니다. 브라질리아 외 중서부 지역 사람들은 소를 키우는 사람들이라는 인식이 있습니다.

brasiliense (브라질리아 사람): 부패했다는 이미지.

Sul 남부

남쪽으로 갈수록 온도가 낮아져 남부 지역 끝 쪽에는 겨울에 흩날리는 눈이 오는 곳도 있습니다. 유럽 이민자의 후손이 많이 살고 있어서 백인(네덜란드, 독일계 브라질인)이 많고 유럽식 건축 양식도 흔히 찾아볼 수 있습니다. 브라질식 바비큐인 슈하스코와 차인 쉬마하웅이 대표적입니다.

gaúcho/a (리우그란지두술 주 사람): 전통적으로 축산업이 발달된 지역이어서 브라질의 카우보이로 묘사. 스페인 식민지 영향을 많이 받아 아르헨티나와 우루과이의 문화와 유사한 점이 많기 때문에 브라질 타 지역과 분리되고 싶어 하는 분리주의자라는 이미지.

Sudeste 남동부

상파울루와 리우데자네이루가 위치한 브라질 경제의 중심지로 각 지역의 사람들이 몰리는 지역이기도 합니다. 가장 도시화돼 있어 타 지역에서는 높은 빌딩 숲과 매연, 교통 체증으로 유명합니다.

- **paulista** (상파울루 주 사람):
  ① **paulistano/a** (상파울루 도시 사람): 일에 묶여 항상 바쁘게 사는 도시 사람들이라는 이미지.
  ② **caipira** (상파울루 주 외곽 도시 사람): 촌뜨기라는 의미로도 사용.
- **carioca** (리우데자네이루 사람): 해변가에서 먹고 놀며 쉬는 것을 좋아하는 느긋한 사람들. 일보다는 다른 방법으로 벌어서 파티를 하며 탕진하는 사람들이라는 인식.
- **mineiro/a** (미나스 제라이스 사람): 말수가 적고 속을 알 수 없으며 구두쇠 이미지. 미나스 제라이스는 광산이 위치했던 지역으로 과거 굉장한 부의 중심지였음. 무엇보다 브라질에서 가장 맛있는 음식은 미나스 제라이스의 음식이라는 말이 공공연할 정도로 음식 문화에 대한 자부심이 강함.

Que horas são?

동영상 강의

- 숫자 11~1,000

- 시간 묻고 답하기

- Saber vs. Conhecer

Quantos anos você tem?
몇 살이야?

Tenho vinte anos.
20살이에요.

● 숫자 11~1,000

11	onze				
12	doze			200	duzentos/as
13	treze	30	trinta	300	trezentos/as
14	quatorze, catorze	40	quarenta	400	quatrocentos/as
15	quinze	50	cinquenta	500	quinhentos/as
16	dezesseis	60	sessenta	600	seiscentos/as
17	dezessete	70	setenta	700	setecentos/as
18	dezoito	80	oitenta	800	oitocentos/as
19	dezenove	90	noventa	900	novecentos/as
20	vinte	100	cem	1.000	mil
21	vinte e um/uma	101	cento e um/uma		

숫자 연결은 e(그리고)를 붙여서 합니다.

222 duzentos **e** vinte **e** dois   1.500 mil **e** quinhentos

다만, '천 자릿수 + 백 자릿수 + 십 자릿수'의 경우, 천 자릿수와
백 자릿수 사이에는 e를 생략합니다.

1.822 mil oitocentos **e** vinte **e** dois

> **참고**
> 포르투갈어에서는 천 단위 구분을 위해 마침표(.)를
> 사용하며, 소수점으로는 쉼표(,)가 사용됩니다.
> 1.000 mil 일천   1,0 um 일
> 추가 문법 p. 226 참조

200~900

1, 2로 끝나는 숫자와 200에서 900까지 숫자는 남성형과 여성형이 존재합니다. 따라서 수반하는 명사의 성에
일치시킵니다.

vinte e **duas** canetas 볼펜 22개   cento e **uma** dálmatas 101마리의 달마시안

duzentos reais 200헤알   **trezentas** páginas 300장

Que horas são?
몇 시예요?

É uma hora.
한 시예요.

● 시간 묻고 답하기

질문	Que horas são? 몇 시예요?
답변	**É** uma hora. 한 시예요. **São** 2~24 horas. 2시~24시예요.

1시는 단수이므로 동사 **é**를 사용합니다. 나머지(2시~24시)는 **são**을 사용합니다.

1:15   **É** uma (hora) e quinze (minutos).

2:30   **São** duas (horas) e trinta (minutos).

8:50   **São** oito (horas) e cinquenta (minutos).

> **참고**
> 구어체에서 주로 horas와 minutos는 생략합니다.

● Saber vs. Conhecer

두 동사 모두 '알다'를 의미하지만 Saber 동사는 '지식이나 사건 등을 아는 것'을 표현할 때 사용합니다. 이에 반해 Conhecer 동사는 주로 '직접 경험해서 아는 것'에만 사용합니다. 따라서, Saber 동사 뒤에는 사건이나 정보에 관한 내용이 나오는 반면, Conhecer 동사 뒤에는 사람 혹은 장소 명사가 쓰입니다.

	Saber	Conhecer
eu	**sei**	**conheço**
você, ele, ela	sabe	conhece
nós	sabemos	conhecemos
vocês, eles, elas	sabem	conhecem

Saber	+ 동사 원형 (~할 줄 알다)	Você **sabe** jogar golfe? 너는 골프 칠 줄 아니?
	+ 사건, 정보	Você **sabe** onde fica Seul? 너는 서울이 어디 있는 줄 아니?
Conhecer	+ 사람	Gina **conhece** o Daniel. 진아는 다니엘을 안다.
	+ 장소	Você já **conhece** Seul? 너는 서울을 가 봤니?
	+ 상황	Eu **conheço** esse problema. 나는 그 문제를 (겪어 봐서) 안다.

Que horas são?

São seis e quinze.

Tiago	Que horas são?
Juno	São seis e quinze.
Tiago	Você sabe que horas são agora em Seul?
Juno	É o mesmo.
Tiago	Mas são seis e quinze da manhã lá, certo?
Juno	Sim. A diferença de fuso horário entre o Brasil e a Coreia é de 12 horas.
Tiago	Ah, tá.

찌아고	몇 시예요?
준호	6시 15분입니다.
찌아고	지금 서울은 몇 시인 줄 아시나요?
준호	똑같아요.
찌아고	하지만 거기는 오전 6시 15분이죠, 맞나요?
준호	네. 브라질과 한국간의 시차는 12시간이에요.
찌아고	아, 알겠어요.

대화 TIP

시간과 함께 **da manhã**(아침), **da tarde**(오후), **da noite**(저녁)을 써 주면 '오전/오후/저녁 몇 시'라는 표현을 할 수 있습니다.

São seis **da manhã**. 아침 6시야.
São duas **da tarde**. 오후 2시야.
São oito **da noite**. 저녁 8시야.

새 단어 및 표현

mesmo 같은
mas 그러나, 하지만
diferença *f.* 차이
fuso horário *m.* 시간대
A diferença de fuso horário é de ~ horas. 시차는 ~시간이야.

대화 **2**   Diálogo 2   033

Você conhece o Seu Zé?

Conheço.

Daniel	Gina, você conhece o Seu Zé?
Gina	Seu Zé da padaria? Conheço.
Daniel	Por acaso você sabe o número dele?
Gina	Não sei, não. Por quê?
Daniel	Já são 10 da manhã e a padaria ainda está fechada.
Gina	Que estranho!
Daniel	Você sabe onde fica outra padaria?
Gina	Tem uma padaria lá na esquina, mas não sei se é boa.

다니엘 진아야, 너 제 아저씨 알아?
진아 빵집의 제 아저씨? 나 알아.
다니엘 혹시 아저씨 전화번호 알아?
진아 아니, 몰라. 왜?
다니엘 벌써 아침 10시인데 빵집이 아직도 닫혀 있어.
진아 이상하네!
다니엘 다른 빵집이 어디 있는지 알아?
진아 모퉁이에 빵집이 있는데 좋은지 모르겠네.

대화 TIP

· **Não sei se**는 '~인지 모르다'라는 표현입니다. 여기에서 **se**는 가정의 의미를 가지며 '~인지 아닌지 모른다'라는 의미입니다.

  Não sei se você já sabe... 네가 이미 아는지 (모르는지) 모르겠지만……
  Você **sabe se** isso é verdade? 이게 사실인지 (아닌지) 아니?

· '왜'를 의미하는 의문사 **Por que**는 문장 끝이나 단독으로 쓰일 경우 **Por quê?**로 사용됩니다.

  Por que você está aqui? 왜 아직 여기 있어?
  Você está aqui, **por quê**? 아직 여기 있어? 왜?

새 단어 및 표현

Por acaso 혹시
já 이미, 곧
ainda 아직
fechado/a 닫힌
estranho/a 이상한
outro/a 다른
esquina *f.* 코너, 길모퉁이

때를 나타내는 어휘

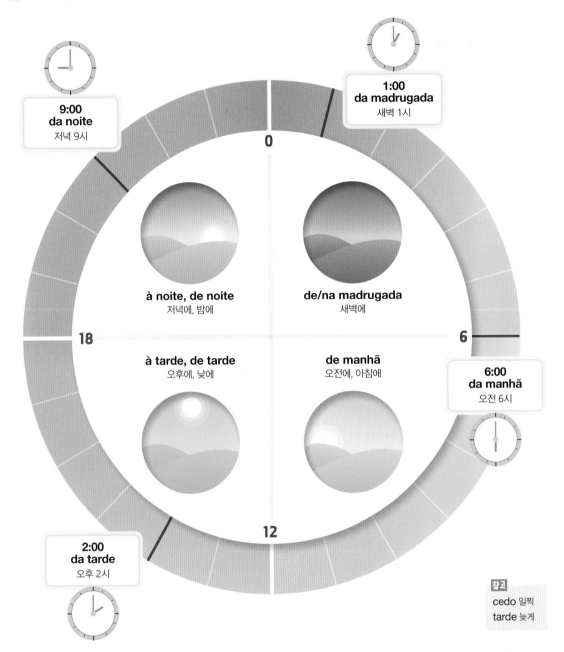

9:00
da noite
저녁 9시

1:00
da madrugada
새벽 1시

à noite, de noite
저녁에, 밤에

de/na madrugada
새벽에

à tarde, de tarde
오후에, 낮에

de manhã
오전에, 아침에

0

18

6

12

6:00
da manhã
오전 6시

2:00
da tarde
오후 2시

참고
cedo 일찍
tarde 늦게

시간 관련 표현

É meio-dia em
São Paulo.

É meia-noite
em Seul.

A 상파울루는 정오야.
B 서울은 자정이야.

Que horas são?

São três e meia.

A 몇 시야?
B 세 시 반이야.

B의 기타 표현

São três (horas) e trinta (minutos).
세 시 삼십 분이야.

참고

한 시간의 절반을 뜻하는 meia-hora를
줄여 meia라고 합니다.

Tem horas?

São nove em
ponto.

A 몇 시야?
B 아홉 시 정각이야.

▶ em ponto 정각

Você sabe que
horas são agora?

São dez para
as 11.

A 지금 몇 시인 줄 알아?
B 11시 10분 전이야. (10분 전 11시야.)

B의 기타 표현

Faltam dez (minutos) para as
onze (horas). 11시 10분 전이야.

참고

1과 2의 경우 '시'를 나타낼 때는 여성형을, '분'을 나타낼 때는 남성형을
사용해야 합니다.
É um (minuto) para a uma (hora). 1시 1분 전이야.
São dois (minutos) para as duas (horas). 2시 2분 전이야.

문법

1 다음 숫자를 포르투갈어로 풀어서 쓰세요.

(1) 15 → _____

(2) 450 → _____

(3) 1.500 → _____

(4) 17 → _____

(5) 132 → _____

(6) 589 → _____

2 빈칸에 알맞은 형태의 Saber 동사 또는 Conhecer 동사를 넣어 문장을 완성하세요.

(1) Eu _____ a Europa.

(2) A minha esposa _____ cozinhar.

(3) Você _____ falar português?

(4) Nós _____ a professora Adriana.

3 각 그림을 보고 몇 시인지 쓰세요.

(1) Que horas são? → _____

(2) Que horas são? → _____

(3) Que horas são? → _____

(4) Que horas são? → _____

(5) Que horas são? → _____

(6)  Que horas são? → _____

듣기 ● 녹음을 듣고 각 지역과 시간을 올바르게 연결하세요.

036

(1)

● ● ① 20:00 ● ● ⓐ da manhã

(2)

● ● ② 8:00 ● ● ⓑ da tarde

(3)

● ● ③ 14:00 ● ● ⓒ da noite

읽기 ● 다음 글을 읽고 질문에 답하세요.

Eu ⓐ sei o Daniel. Ele é o meu aluno. Eu ⓑ sei que ele é alemão. Ele é de Berlin. Eu não ⓒ conheço a Alemanha, mas eu ⓓ sei falar alemão.

(1) ⓐ~ⓓ 중 문맥상 잘못 쓰인 동사와 그것을 대체할 동사로 바르게 짝 지어진 것을 고르세요.

① ⓐ sei – conheço
② ⓑ sei – sabe
② ⓒ conheço – sei
④ ⓓ sei – conhece

(2) 아드리아나에 관해 옳은 설명을 고르세요.

① 아드리아나는 독일 사람이다.
② 아드리아나는 베를린에 가 봤다.
③ 아드리아나는 다니엘의 학생이다.
④ 아드리아나는 독일어를 할 줄 안다.

브라질 사람들의 특징

민족 다양성

브라질 사람에 대한 가장 큰 특징은 바로 혼혈miscigenação로 비롯된 인종의 다양성입니다. 원주민이던 인디오와 포르투갈인을 비롯한 여러 유럽 국가 이주민들로 대표되는 백인, 그리고 노예로 유입된 아프리카 흑인들이 브라질 민족의 뿌리를 구성합니다. 따라서 피부의 색뿐 아니라 문화의 여러 측면에서도 이 뿌리의 영향을 많이 받아 브라질 고유의 문화가 탄생했습니다. 브라질을 대표하는 페이조아다feijoada와 삼바samba, 카포에이라capoeira는 아프리카의 영향을 받았으며, 만지오카mandioca 기반의 음식은 인디오의 영향을 받았고, 행정, 건축 양식 등은 유럽의 영향을 많이 받았습니다.

유쾌하고 낙천적인 성격

브라질 사람들은 대체적으로 낙천적이며 유쾌합니다. 브라질에서는 나이, 국적, 신분과 상관없이 서로를 '아미고amigo'라 부르며 격의 없이 지냅니다. 타인에 대한 경계심이 없으며, 처음 만나는 사람들과도 즐겁게 대화를 나누며 친근하게 농담을 주고받습니다. 해외 여행객들도 설문 조사에서 브라질에서 가장 좋았던 점으로 아름다운 경치와 맛있는 음식, 화려한 파티가 아닌 브라질 사람을 손꼽을 정도입니다. 이를 가장 잘 나타내는 표현이 있는데 바로 'O melhor do Brasil é o brasileiro. (브라질에서 가장 좋은 것은 브라질 사람이다.)'입니다.

O melhor do Brasil é o brasileiro!

시간 개념

브라질 사람들은 느긋하기로 유명합니다. 행정 처리는 답답할 정도로 오래 걸리며 서류를 발급받는 데에도 몇 개월씩 시간이 허비되곤 합니다. 약속을 한 경우 만나기로 한 시간에서 15분 정도 뒤에 도착하는 것이 일반적인데 이는 지각한 것이 아니라 시간에 대한 인식 차이입니다. 따라서 약속 시간에 늦게 도착했다고 브라질 친구를 타박한다면 상대방은 오히려 이상하게 여길 것입니다. 저녁 식사에 초대받은 경우, 30분 정도 여유를 두고 가는 것을 오히려 예의로 여깁니다. 저녁 식사를 준비하고 손님 맞을 준비를 하는 시간을 여유롭게 잡기 때문에 일찍 도착하면 준비하는 사람에게 실례라는 생각 때문입니다. 브라질 사람들은 여유롭게 3시간 정도 식사를 합니다. 디저트까지 코스로 먹기 때문이기도 하지만, 천천히 식사를 하면서 대화를 많이 나누기 때문입니다.

A que horas você se levanta?

- 직설법 현재: 규칙 동사 -ar, -er, -ir

- 재귀 동사

- Tomar 동사 용법

- A que horas ~?: 몇 시에 ~?

Você fala português?
포르투갈어 할 줄 아요?

Sim, falo.
네.

● 직설법 현재: 규칙 동사 -ar, -er, -ir

직설법 현재는 현재 일어나는 일이나 상태, 현재까지 이어지는 습관적 행위, 일반적 진리, 근접 미래 등을 표현하기 위해 사용됩니다. 포르투갈어의 규칙 동사들은 -ar, -er, -ir형으로 구분되는데, 직설법 현재형 동사 변화는 동사 원형에서 -ar, -er, -ir 부분을 아래 표 변형에 맞춰 바꿔 줍니다.

	-ar: Falar 말하다	-er: Beber 마시다	-ir: Partir 떠나다
eu	fal**o**	beb**o**	part**o**
você, ele, ela	fal**a**	beb**e**	part**e**
nós	fal**amos**	beb**emos**	part**imos**
vocês, eles, elas	fal**am**	beb**em**	part**em**

Eu **falo** português. 나는 포르투갈어를 구사한다.

Nós sempre **bebemos** cerveja. 우리는 항상 맥주를 마신다.

Ele **parte** às 5 e eu **parto** às 10. 그는 5시에 출발하고 나는 10시에 출발한다.

● 재귀 동사

재귀 동사는 주어의 행위가 스스로에게 돌아올 때 사용되는 동사로, 타동사에 재귀 대명사를 붙인 형태입니다. 재귀 대명사는 주어와 동사 사이에 위치합니다. 주어는 생략할 수 있고, 동사 뒤에 나오는 경우 하이픈으로 연결시켜 줍니다. 구어체에서는 생략되는 경우도 많습니다.

levantar-se 일어나다, 기상하다
lavar-se 씻다
deitar-se 눕다, 자다

divertir-se 즐기다
vestir-se 옷을 입다
lembrar-se 기억하다

참고
재귀 대명사

	단수	복수
1인칭	**me**	**nos**
3인칭	**se**	**se**

A Você **se levanta** cedo? 너는 일찍 일어나니?

B Eu **me levanto** cedo. 나는 일찍 일어나.

참고
브라질 포르투갈어에서는 재귀 대명사가 동사 앞에 위치하는 것이 일반적입니다. 또한, 구어체에서 재귀 대명사는 주어 없이 동사 앞에 나올 수 있으며 생략될 수도 있습니다.
Eu me levanto cedo. = Me levanto cedo. = Levanto cedo.
나는 일찍 일어난다.

A que horas começa a aula?
몇 시에 수업 시작해?

Às duas horas.
2시에.

● Tomar 동사 용법

Tomar 동사는 '마시다', '먹다', '맞다' 등을 표현하는 데 사용됩니다.

마시다	먹다	하다	맞다
tomar água 물을 마시다 tomar suco 주스를 마시다 tomar cerveja 맥주를 마시다 tomar café 커피를 마시다	tomar café da manhã 아침 식사를 하다 tomar sorvete 아이스크림을 먹다	tomar sol 일광욕을 하다 tomar banho 샤워를 하다	tomar injeção 주사를 맞다 tomar vacina 예방 주사를 맞다

Eu sempre **tomo** café da manhã. 저는 항상 아침 식사를 합니다.

Você quer **tomar** cerveja? 맥주 마실래요?

● A que horas ~?: 몇 시에 ~?

질문	**A que horas ~?** 몇 시에? (~합니까?)
답변	**À** uma hora. 1시에. (~합니다.) **Às** 2~24 horas. 2시~24시에. (~합니다.)

à는 전치사 a와 시간 앞의 정관사 a가 결합한 형태입니다. 1시는 단수형인 à를 사용하며 2시부터 24시까지는 복수형인 às를 사용합니다.

A **A que horas** você toma café da manhã? 몇 시에 아침 식사하세요?

B **Às** 8 da manhã. 오전 8시에. (먹어요.)

A **A que horas** começa a aula? 수업 몇 시에 시작해요?

B Começa **às** 9 da manhã. 오전 9시에 시작해요.

> **참고**
> 전치사 a와 정관사의 결합 형태
> a + o = ao   a + os = aos
> a + a = à   a + as = às

O que você ensina?

Ensino português e espanhol.

Tiago	Adriana, o que é que você faz?
Adriana	Sou professora na Universidade de São Paulo.
Tiago	O que você ensina?
Adriana	Ensino português e espanhol.
Tiago	Quantas línguas você fala?
Adriana	Falo quatro. Português, inglês, espanhol e alemão. Mas não sou muito fluente em alemão.

찌아고	아드리아나, 너는 무슨 일을 해?
아드리아나	나는 상파울루 대학의 교수야.
찌아고	무엇을 가르쳐?
아드리아나	포르투갈어와 스페인어를 가르쳐.
찌아고	넌 몇 개의 언어를 해?
아드리아나	4개. 포르투갈어, 영어, 스페인어, 그리고 독일어. 하지만 독일어는 유창하지 않아.

대화 TIP

- **O que é que**는 **O que**와 동일한 표현으로 여기서 **é que**는 구어체에서 많이 사용되는 강조의 표현입니다.

  O que você faz? = O que **é que** você faz? 너는 무슨 일을 해?

- **Quantas línguas você sabe falar?**(너는 몇 개의 언어를 할 줄 알아?)라는 표현도 많이 사용됩니다.

  Sei falar três línguas. 나는 세 개의 언어를 할 줄 알아.

새 단어 및 표현

ensinar 가르치다
língua f. 언어
ser fluente em ~
(언어)이/가 유창하다, ~을/를 유창하게 구사하다

> A que horas você se levanta?

> Me levanto às 6:00.

Adriana	A que horas você se levanta?
Tiago	Me levanto às 6:00.
Adriana	Puxa! Tão cedo assim?
Tiago	Pois é. Saio de casa às 6:30.
Adriana	O que você faz depois de chegar ao escritório?
Tiago	Eu tomo café da manhã e trabalho das 9 às 6.
Adriana	A que horas você dorme?
Tiago	Durmo antes das 11 horas.

아드리아나 몇 시에 일어나?
찌아고 6시에 일어나.
아드리아나 저런! 그렇게나 일찍?
찌아고 그러게 말이야. 6시 반에 집에서 나와.
아드리아나 회사 도착한 후에는 뭐 해?
찌아고 아침 식사를 하고 9시에서 6시까지 일해.
아드리아나 몇 시에 자?
찌아고 11시 전에 자.

참고

dormir 동사처럼 직설법 현재 1인칭만 다르게 변하는 동사가 있습니다.

dormir (자다) → durmo
pedir (요청하다) → peço
sentir (느끼다) → sinto
perder (잃다) → perco

대화 TIP

- antes와 depois는 각각 '~전에/앞서', '~후/나중에'란 의미입니다. 'antes/depois + 전치사 de + 명사/동사 원형'의 형태로 사용할 수 있습니다.

  Eu tomo banho **antes de** dormir. 나는 자기 전에 샤워를 합니다.
  Eu almoço **depois da** aula. 나는 수업 후에 점심 식사를 합니다.

- de A a/até B는 'A에서 B까지'란 의미로 시간, 거리 등에 사용할 수 있는 표현입니다. 시간을 표현할 때는 até 대신 à(s)를 사용할 수 있습니다.

시간	de segunda a sexta 월요일에서 금요일까지
	das 5 (horas) às 9 (horas) 다섯 시에서 아홉 시까지
거리	de São Paulo até o Rio de Janeiro 상파울루에서 리우데자네이루까지

새 단어 및 표현

Puxa! 저런!, 헐!
tão 매우, 엄청
assim 이렇게
Pois é. 그러게 말이야.
sair 나가다
chegar 도착하다
trabalhar 일하다
das 9 às 6 9시에서 6시까지
dormir 자다

규칙 동사: -ar 동사

falar
말하다

comprar
사다

jogar
(스포츠, 게임을) 하다, 던지다

trabalhar
일하다

estudar
공부하다

andar
걷다

perguntar
질문하다

gostar
좋아하다

esperar
기다리다, 바라다

chegar
도착하다

apresentar
소개하다

pensar
생각하다

lavar
씻다

cantar
노래하다

dançar
춤추다

ganhar
이기다, 얻다

pagar
지불하다

encontrar
만나다, 찾다

ajudar
도와주다

começar
시작하다

하루 일과 표현

Acordo às 6 da manhã.
아침 6시에 일어납니다.

▶ acordar 일어나다, 깨다

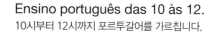

Ensino português das 10 às 12.
10시부터 12시까지 포르투갈어를 가르칩니다.

Almoço por uma hora com meus colegas.
1시간 동안 동료들과 점심 식사를 합니다.

▶ almoçar 점심 식사를 하다 ｜ por ~동안

Volto para casa e assisto à TV.
집으로 돌아와서 텔레비전을 봅니다.

▶ voltar 돌아오다 ｜ assistir 시청하다, 관람하다

Durmo às 11 da noite.
오후/밤 11시에 잡니다.

문법

1 각 주어에 맞는 재귀 대명사를 쓰세요.

(1) Eu _____ lembro de você.

(2) Como você _____ chama?

(3) Nós _____ levantamos cedo.

(4) Elas _____ vestem bem.

2 빈칸에 주어진 동사를 알맞은 직설법 현재로 바꿔 대화를 완성하세요.

(1) A Você _____ (beber) cerveja?

　 B Sim, eu _____ (beber).

(2) A Vocês _____ (falar) inglês?

　 B Não. Nós não _____ (falar) inglês.

(3) A Eles _____ (partir) hoje?

　 B Sim. Eles _____ (partir) daqui a pouco.

★ daqui a pouco 곧, 금방(= de + aqui a pouco)

3 그림을 보고 보기와 같이 문장을 만드세요.

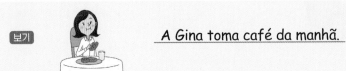

보기　　A Gina toma café da manhã.

(1)

_____

(2)

_____

(3)

_____

듣기 ● 녹음을 듣고 올바르게 연결하세요.

(1)

● ① 10:00

(2)

● ② 8:00

(3)

● ③ 22:00

(4)

● ④ 6:00

읽기 ● 다음 글을 읽고 순서대로 나열하세요.

① A aula começa às dez horas e termina ao meio-dia.

② Estudo na biblioteca das duas às seis da tarde.

③ Acordo às oito horas da manhã.

④ Depois da aula, almoço com os colegas de curso.

⑤ Volto para o dormitório às seis e meia.

(   ) ➡ (   ) ➡ (   ) ➡ (   ) ➡ (   )

★ curso *m.* 강의, 강좌 | dormitório *m.* 기숙사

세계 최대 커피 생산국 브라질

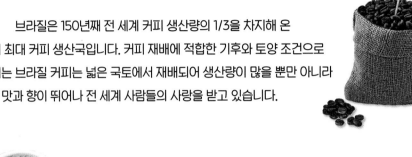

브라질은 150년째 전 세계 커피 생산량의 1/3을 차지해 온
세계 최대 커피 생산국입니다. 커피 재배에 적합한 기후와 토양 조건으로
완성되는 브라질 커피는 넓은 국토에서 재배되어 생산량이 많을 뿐만 아니라
맛과 향이 뛰어나 전 세계 사람들의 사랑을 받고 있습니다.

브라질 사람들이 가장 많이 마시는 국민 커피 카페징뉴cafezinho 는 에스프레소와는 조금 다릅니다. 끓는 물에 원두 커피와 설탕을 넣고 섞은 후 망에 걸러서 일상에서 사용하는 크기의 반 정도 되는 잔, 또는 에스프레소 잔에 마십니다. 브라질 사람들은 장소를 가리지 않고 수시로 커피를 마시지만 그 종류는 다양하지 않은 편입니다. 외국에서 들어온 프랜차이즈 커피 전문점을 제외하고는 아이스 커피가 없으며 대부분의 브라질 사람들은 커피를 차갑게 마시는 것을 이상하게 생각합니다.

지금은 커피 강국인 브라질은 18세기 초까지만 해도 커피 재배를 할 수 없었습니다. 브라질에서 어떻게 커피 묘목을 구했는지에 대해 여러 설이 있지만 가장 흥미로운 것은 1727년 브라질 육군의 팔레타 대위의 이야기입니다. 브라질과의 관계를 중재하러 기니에 들렀던 대위는 총독 아내의 마음을 사로잡았고 브

라질로 돌아오는 날 커피 나뭇가지가 숨겨진 꽃다발을 선물 받았다는 이야기입니다. 그 이후 브라질 북부에 위치한 빠라Pará 주에서 커피 재배가 시작되었으며 커피 재배에 더 적합한 기후와 토양이 있는 남동부 지역으로 커피 산업이 옮겨 오게 되었습니다. 특히 상파울루는 19세기 전 세계적인 커피 붐을 타고 부를 축적하여 경제 발전을 이뤘습니다. 오늘날에도 커피 농장fazenda de café 의 규모는 소규모에서부터 대규모에 이르며, 소유주 역시 개인, 가족, 또는 법인으로 다양합니다. 큰 농장들은 하나의 기업에 버금갈 정도로 규모가 매우 큽니다.

Eu gosto de chocolate.

동영상 강의

● 비교급

● 최상급

● 선호 표현

● 전치사와 함께 쓰이는 동사들

Daniel é maior que eu.
다니엘이 나보다 커요.

Adriana é mais alta que eu.
아드리아나는 나보다 키가 커요.

Eu sou o maior.
내가 제일 커요.

● 비교급

mais / menos	+	명사/형용사/부사	+	(do) que	~보다 더 ~한 / ~보다 덜 ~한

Tenho **mais** livros **que** você. 나는 당신보다 책이 더 많다.

Seul é **menos** quente **que** Daegu. 서울은 대구보다 덜 덥다.

Meu cachorro corre **mais** rápido **do que** eu. 내 강아지는 나보다 더 빨리 달린다.

tão / tanto/a/os/as	+	명사 / 형용사/부사	+	quanto	~처럼 ~한 / ~만큼 ~한

Este hotel é **tão** caro **quanto** aquele. 이 호텔은 저 호텔만큼이나 비싸다.

Meu gato corre **tão** rápido **quanto** eu. 내 고양이는 나만큼이나 빨리 달린다.

Tenho **tantos** livros **quanto** uma biblioteca. 나는 도서관만큼이나 책을 많이 갖고 있다.

불규칙형은 다음과 같습니다.

mais +	grande(s)	=	maior(es)	더 큰
	pequeno/a/os/as	=	menor(es)	더 작은
	bom(ns)/boa(s)	=	melhor(es)	더 좋은, 더 나은
	mau(s)/má(s)	=	pior(es)	더 나쁜, 더 안 좋은

> **참고**
> '좋은'을 의미하는 형용사는 남성형은 bom, 여성형은 boa로 씁니다. '나쁜'을 의미하는 형용사는 남성형은 mau, 여성형은 má로 씁니다.

Essa tela é **maior** que aquela. 그 화면이 저 화면보다 크다.

Ele fala **melhor** português do que inglês. 그는 영어보다 포르투갈어를 더 잘한다.

● 최상급

정관사 o/a/os/as	+	명사	+	mais/menos maior/menor/melhor/pior	+	형용사 (명사)	+	(de/entre)	(~에서) 가장 ~한 / (~에서) 가장 큰/작은/좋은/나쁜

Este é **o** livro **mais** fácil. 이 책은 가장 쉬운 책이다.

Este livro é **o melhor** de todos. 이 책은 모든 책 중 가장 좋은 책이다.

Gosto de **café**.
나는 커피를 좋아해.

Prefiro **chá**.
나는 차를 선호해.

● 선호 표현

포르투갈어에서 기호를 표현하는 동사에는 Gostar (좋아하다)와 Preferir (선호하다)가 있습니다. 이 두 동사의 의미는 비슷하지만 쓰이는 형태가 아래와 같이 다릅니다.

Gostar 동사

항상 전치사 de를 수반합니다.

| Gostar de | + **명사** | ~을/를 좋아하다 | Eu **gosto de** chocolate. 나는 초콜릿을 좋아한다. |
| | + **동사 원형** | ~하는 것을 좋아하다 | Eu **gosto de** estudar português.
나는 포르투갈어 공부하는 것을 좋아한다. |

Preferir 동사

'~보다 더 좋아하다'의 의미로 Gostar 뒤에 비교급이 쓰인 것과 같은 의미입니다.

Preferir A (a B) = **Gostar mais de A ((do) que de B)**
A를 (B보다) 더 선호하다   A를 (B보다) 더 좋아하다

Prefiro chá a café. 차를 커피보다 더 선호한다.
= **Gosto mais de** chá **(do) que de** café.
차를 커피보다 더 좋아한다.

● 전치사와 함께 쓰이는 동사들

포르투갈어에는 전치사를 동반하는 동사들이 있습니다. 많이 쓰이는 동사들은 외워 두면 편리합니다.

Assistir a + 명사 ~을/를 관람하다/시청하다	Ele sempre **assiste à** TV. 그는 항상 TV를 시청한다.
Aprender + 명사 ~을/를 배우다	Meu filho **aprende** inglês na escola. 내 아들은 학교에서 영어를 배운다.
Aprender a + 동사 원형 ~하는 것을 배우다	Bebês **aprendem a** andar. 아기들은 걷는 것을 배운다.
Começar + 명사 ~을/를 시작하다	O novo treinador **começa** o treinamento mais cedo. 새로운 코치는 훈련을 더 일찍 시작한다.
Começar a + 동사 원형 ~하는 것을 시작하다	**Começamos a** falar em português. 우리는 포르투갈어로 이야기하기 시작했다.
Acabar de + 동사 원형 ~하기를 막 마치다	**Acabamos de** sair do escritório. 우리는 지금 막 사무실에서 나왔다.
Precisar + 동사 원형 ~을/를 해야 하다	**Precisamos** estudar português. 우리는 포르투갈어를 공부해야 한다.
Precisar de + 명사 ~이/가 필요하다	**Precisamos de** você. 우리는 당신이 필요하다.

> É jogar boliche.

> Qual é o seu passatempo favorito?

Gina	Qual é o seu passatempo favorito?
Daniel	É jogar boliche. Eu e a Camila jogamos sempre.
Gina	Quem é melhor?
Daniel	Eu jogo melhor. Sou craque! E você, gosta de praticar esporte?
Gina	Gosto.
Daniel	Que esporte você pratica?
Gina	Faço natação.

진아	너는 취미가 뭐야?
다니엘	볼링 치는 거 좋아해. 나랑 까밀라랑 자주 볼링 쳐.
진아	누가 더 잘해?
다니엘	내가 더 잘 쳐. 나 엄청 잘해! 너는 운동 좋아해?
진아	좋아해.
다니엘	어떤 운동해?
진아	난 수영해.

참고

- craque는 본래 뛰어난 축구 선수를 일컫는 말이었으나 이제는 어떤 분야에서 뛰어난 사람을 가리키는 데 사용됩니다.

  Ela é craque em matemática. 그녀는 수학에 뛰어나다.

- passatempo는 'passar(보내다, 지나다) + tempo(시간)'를 조합한 단어입니다. 즉, 취미, 심심풀이 등을 의미하며 이외에 hobby라는 단어도 사용됩니다.

대화 TIP

- 의문사 **Que**는 뒤에 명사와 함께 쓰이면 '어느'를 의미하게 됩니다. 즉 선택의 개념을 묻는 것으로 의문사 **Qual**과 비슷하게 사용됩니다.

  Que esporte você pratica? 너는 어떤 운동을 하니?
  Que livro você trouxe? 너는 어떤 책을 가져왔니?

- '**Qual é o seu/a sua** + 명사 + **favorito/a?**'는 '네가 가장 좋아하는 (명사)는 무엇이니?'라는 의미로 기호를 묻는 표현입니다.

  Qual é o seu filme favorito? 네가 가장 좋아하는 영화는 무엇이니?
  Qual é a sua cor favorita? 네가 가장 좋아하는 색은 무엇이니?

새 단어 및 표현

passatempo *m.* 취미
favorito/a 가장 좋아하는
boliche *m.* 볼링
sempre 항상, 자주
ser craque 잘하다, 뛰어나다
praticar (운동)하다, 연습하다
fazer 하다 (불규칙 동사)
natação *f.* 수영

043

De que tipo de filmes você gosta?

Adoro filmes de ação, mas gosto mais de suspense.

Adriana	O que você gosta de fazer no seu tempo livre?
Tiago	Gosto de assistir a filmes.
Adriana	De que tipo de filmes você gosta?
Tiago	Adoro filmes de ação, mas gosto mais de suspense.
Adriana	Eu também! Qual é o seu filme favorito?
Tiago	Meu filme favorito é 'Identidade'. Esse filme é o melhor, não é?
Adriana	Prefiro 'O Sexto Sentido'.

아드리아나	여가 시간에 뭐 하는 걸 좋아해?
찌아고	나는 영화 보는 걸 좋아해.
아드리아나	어떤 영화 좋아해?
찌아고	액션 영화를 좋아하지만 스릴러를 더 좋아해.
아드리아나	나도! 제일 좋아하는 영화가 뭐야?
찌아고	내가 제일 좋아하는 영화는 '아이덴티티'야. 이 영화는 최고야, 안 그래?
아드리아나	나는 '식스센스'가 더 좋더라.

참고

Tipos de Filmes 영화 장르
액션: filme de ação
공상 과학(SF): filme de ficção científica
클래식: (filme) clássico
애니메이션: (filme de) animação
코미디: (filme de) comédia
드라마: drama
로맨스: (filme de) romance
전쟁: (filme de) guerra
스릴러: (filme de) suspense
로맨틱 코미디: comédia romântica

대화 TIP

- **Gostar**(좋아하다)보다 더 강한 애정도를 나타내는 동사로 **Adorar**(흠모하다, 아주 좋아하다), **Amar**(사랑하다)가 있습니다.

- **É o/a melhor!**는 '최고야!'라는 표현입니다.
  Você é **o melhor**! 너는 최고야!
  Essa comida é **a melhor**! 이 음식 최고야!

새 단어 및 표현

tempo livre 자유 시간
adorar 아주 좋아하다
ação f. 액션
suspense m. 스릴러
não é? 그렇지 않아?
(구어체에서는 이 표현을 줄여 né?라고 씁니다.)

스포츠

Jogar 동사와 함께 쓰이는 스포츠 관련 명사

tênis

m. 테니스

golfe

m. 골프

pingue-pongue, tênis de mesa

m. 탁구

sinuca *f.*, **bilhar** *m.*

당구

boliche

m. 볼링

vôlei(bol)

m. 배구

basquete(bol)

m. 농구

futebol

m. 축구

beisebol

m. 야구

스포츠 관련 동사

nadar

수영하다

correr

달리다

esquiar

스키 타다

patinar

스케이트 타다

pescar

낚시하다

취미

ler livro

책을 읽다

cozinhar

요리하다

assistir a filmes

영화를 보다

escutar música

음악을 듣다

desenhar, pintar

그림을 그리다

tocar piano

피아노를 치다

tocar violino

바이올린을 켜다

tocar guitarra

기타를 치다

일상에서 많이 쓰이는 기원의 말

Feliz aniversário!

Parabéns!

A 생일 축하합니다!
B 축하합니다!

Feliz를 이용한 기타 표현

Feliz Ano Novo!
새해 복 많이 받으세요!

Feliz Natal! 즐거운 성탄절 되세요!

Para você também!

Bom feriado!

A 좋은 휴일 되세요!
B 당신도요!

A의 기타 표현

Boas férias! 방학/휴가 잘 보내세요!
Bom fim de semana!
좋은 주말 보내세요!
Bom descanso! 좋은 휴식 되세요!

Tenho uma
entrevista hoje.

Boa sorte!

A 오늘 면접 있어.
B 행운이 있길 바라!

Bom/Boa를 이용한 기타 표현

Bom voo! 즐거운 비행 되세요!
Boa viagem! 즐거운 여행 되세요!

문법

1 다음 빈칸을 올바른 전치사로 채우세요.

(1) Meu pai sempre assiste _____ filmes de ação.

(2) As árvores precisam _____ água.

(3) Nós gostamos _____ estudar português.

(4) Minha filha aprende _____ cantar.

2 다음 대화를 보고 질문에 답하세요.

> A   Eu ⓐ_____ de assistir a jogos de futebol.
>
> B   Eu também, mas ⓑ_____ de jogar do que assistir.

(1) ⓐ에 들어갈 것으로 적합한 것을 고르세요.
   ① gosto   ② gosta   ③ gostamos   ④ gostam

(2) ⓑ에 들어갈 것으로 적합한 것을 고르세요.
   ① gosto muito   ② gosta muito   ③ gosto mais   ④ gosta mais

(3) ⓑ와 뜻이 같은 것은 다음 중 어떤 것인가요?
   ① gosto muito   ② prefiro   ③ gosto menos   ④ não gosto

3 빈칸에 알맞은 단어를 넣어 문장을 완성하세요.

de	melhor	favorita

(1) _____ que tipo de música você gosta?

(2) Eu gosto _____ Bossa Nova.

(3) Qual é a sua música _____?

(4) 'Água de beber' da Astrud Gilberto é a _____!

듣기 ● 녹음을 듣고 다음 중 올바르지 않은 것을 고르세요.

046

① 축구는 찌아고의 취미가 아니다.

② 아드리아나는 취미로 독서를 한다.

③ 찌아고의 취미는 골프와 축구이다.

④ 아드리아나는 취미로 영화 감상을 한다.

읽기 ● 다음 대화를 읽고 질문에 답하세요.

Vendedora   A bolsa A é a mais barata e a bolsa C é ⓐ_____.

A bolsa B é ⓑ_____ que a bolsa A, mas

ⓒ_____ que a bolsa C. A bolsa C é a maior.

Dona Inês   A bolsa A é mais bonita que a bolsa B, mas a bolsa C é a mais bonita!

(1) 빈칸 ⓐ에 들어가기 가장 적합한 것은 다음 중 어떤 것인가요?

① mais barata   ② mais cara

③ a mais barata   ④ a mais cara

(2) 빈칸 ⓑ와 ⓒ에 들어가기 가장 적합한 것으로 짝 지은 것을 고르세요.

① menor – maior   ② maior – menor

③ mais – menos   ④ menos – mais

(3) 이네스 아주머니의 마음에 든 순서대로 나열하세요.

_____ ➡ _____ ➡ _____

★ bolsa *f.* 핸드백

 # 월드컵 최다 우승국, 축구의 나라 브라질

축구의 나라로 알려진 브라질에서 '축구는 종교'라고 할 정도로 온 국민이 축구에 열광합니다. 브라질 사람들은 대부분 자신의 지역 프로 축구팀을 응원하며 매 경기를 챙겨 봅니다. 라이벌 팀과의 경기가 있을 때면 월드컵에 달하는 열기를 느낄 수 있습니다. 브라질 챔피언십, 주 챔피언십, 남아메리카컵을 비롯해 1년 내내 축구 경기가 열립니다.

브라질은 전 세계 유일의 월드컵 5회(2022. 11. 기준) 우승 국가이며 펠레, 호나우두, 호나우지뉴, 네이마르와 같은 세계적인 축구 선수를 배출해 냈습니다. 이들은 화려한 축구 실력뿐 아니라 축구를 즐기는 천진난만한 모습을 보여 전 세계에 두터운 팬 층을 확보하고 있습니다. 유럽 리그를 비롯한 세계 각국의 프로 리그에 진출한 수백 명의 브라질 축구 선수들이 천문학적인 숫자의 돈을 벌어들이며 축구의 나라로서의 위상을 높이고 있습니다.

브라질 유명 축구 클럽

상파울루			
	SPFC	São Paulo FC	별칭: Tricolor(삼색), Soberano(군주) 출신 선수: 카카, 히바우두, 루이스 파비아누, 루시우, 오스카 등
		S.C. Corinthians	별칭: Timão(위대한 팀), Todo Poderoso(전능한), Coringão(위대한 코린치안스) 출신 선수: 호베르투 카를루스, 소크라치스, 테베즈, 디다 등
		SE Palmeiras	별칭: Verdão(위대한 녹색), Porco(돼지) 출신 선수: 루시우, 카푸, 데니우손 등
		Santos FC	별칭: Peixe(물고기)(팀의 마스코트는 고래), Santástico(산토스 + 판타스틱) 출신 선수: 펠레, 호비뉴, 네이마르 등
리우 데자네이루		CR Flamengo	별칭: Mengão(위대한 플라맹고), Rubro-Negro(루비−검정), 　　　O mais querido do Brasil(브라질에서 가장 사랑 받는 (팀)) 출신 선수: 지쿠, 베베토, 호마리우, 호나우지뉴, 아드리아누, 펠리페 멜루 등
		Fluminense	별칭: Flu 또는 Nense(플루미넨시를 줄인 애칭), Time de Guerreiros(전사들의 팀) 출신 선수: 마르셀루, 프레드, 호마리우, 치아구 실바 등
		Botafogo F.R.	별칭: Fogão(큰 불), Estrela Solitária(고독한 별) 출신 선수: 자이르지뉴, 니우통 산토스 등
		CR Vasco da Gama	별칭: Gigante da Colina(언덕의 거인), Expresso da Vitória(승리를 향한 급행 　　　열차), Time da Virada(반전의 팀) 출신 선수: 네네, 따바레즈, 주니뉴 파울리스타, 주니뉴 페르남부카누 등
리우 그란지두술	GRÊMIO	Grêmio FBPA	별칭: Imortal Tricolor(불멸의 삼색), 　　　Tricolor Gaúcho(리우그란지두술의 삼색) 출신 선수: 호나우지뉴, 제 호베르투 등

Que dia é hoje?

동영상 강의

- 서수
- 요일
- 날짜 표현하기
- 빈도 부사
- Querer & Poder 동사

Hoje é domingo!
오늘 일요일이잖아요!

Não. Hoje é segunda-feira!
아니에요. 오늘 월요일이에요!

● 서수

순서를 나타내는 서수는 가리키는 명사의 성·수에 일치해야 합니다. 명사 앞에 쓰일 때는 정관사를 동반합니다.

1º/ª	2º/ª	3º/ª	4º/ª	5º/ª
primeiro/a	segundo/a	terceiro/a	quarto/a	quinto/a
6º/ª	7º/ª	8º/ª	9º/ª	10º/ª
sexto/a	sétimo/a	oitavo/a	nono/a	décimo/a

Meu escritório fica no **terceiro** andar. 제 사무실은 3층에 있어요.

Ela é a minha **segunda** filha. 그녀는 제 둘째 딸이에요.

● 요일

포르투갈어의 요일은 대부분 서수를 사용하여 말합니다.

월요일	segunda-feira
화요일	terça-feira
수요일	quarta-feira
목요일	quinta-feira
금요일	sexta-feira
토요일	sábado
일요일	domingo

Hoje é **domingo** no Brasil. 브라질은 오늘 일요일이야.

A festa é na **quinta-feira**. 파티는 목요일이야.

A Que dia (da semana) é hoje? 오늘 무슨 요일이에요?

B É **quarta(-feira)**. 수요일입니다.

> **참고**
> • 요일을 말할 때 feira는 생략할 수 있습니다.
> • 요일 앞에 전치사를 사용할 때는 정관사가 붙으며 정관사는 요일 명사의 성에 맞추어 씁니다.
> (월~금: 여성형, 토/일: 남성형)

● 날짜 표현하기

우리나라와 정반대로 '일-월-연도' 순으로 말하며 전치사 de로 연결하여 씁니다. 월과 연도 앞에는 정관사를 붙이지 않습니다. 또한, 월의 첫 글자는 소문자로 표기합니다.

23 de novembro de 2015 2015년 11월 23일

A Que dia (do mês) é hoje? 오늘 며칠이에요?

B Hoje é (dia) **4 de fevereiro**. 2월 4일입니다.

> **참고**
> • 1일만 서수로 말합니다.
> 5월 1일: primeiro de maio
> • 연도는 숫자를 풀어서 말합니다.
> 2010: dois mil e dez

Você sempre está cansado.
당신은 항상 피곤해하네요.

É porque nunca durmo cedo.
제가 일찍 잠드는 적이 없기 때문이죠.

빈도 부사

빈도를 나타내는 빈도 부사는 문장 안에서 위치가 자유로운 편이지만 주로 동사 앞에 사용됩니다.

항상	빈번히	평소	가끔씩	드물게	전혀
sempre	frequentemente, muitas vezes	normalmente, geralmente	às vezes, de vez em quando	raramente, quase nunca	nunca, jamais

Sempre estudo em casa. 저는 항상 집에서 공부합니다.

Raramente bebo cerveja. 저는 드물게 맥주를 마십니다.

빈도수는 다음과 같이 표현합니다.

숫자 **+** vez(es)/hora(s)/dia(s) **+** **por** **+** dia/semana/mês

하루에/일주일에/한 달에 ~번/시간/일

Estudo português 6 horas **por** dia. 저는 하루에 6시간 포르투갈어를 공부합니다.

Corro no parque três vezes **por** semana. 저는 일주일에 세 번 공원에서 달립니다.

Querer & Poder 동사

Querer 동사는 '원하다'를 의미하며 명사 또는 동사 원형과 쓸 수 있습니다. Poder 동사는 '할 수 있다', '가능하다'를 의미하는 동사이며 허가의 의미로 쓰이기도 합니다. 동사 원형과 쓰입니다.

	Querer 원하다	**Poder** 할 수 있다
eu	quero	**posso**
você, ele, ela	**quer**	pode
nós	queremos	podemos
vocês, eles, elas	querem	podem

동사 변화 p. 232 참조

Eu **quero** um biscoito.
저는 과자를 원해요.

Eu **quero** ler o livro.
저는 그 책을 읽기 원합니다.

Posso estacionar aqui?
여기에 주차해도 되나요?

Que dia é hoje?

Hoje é 14 de outubro.

Gina Que dia é hoje?

Daniel Hoje é 14 de outubro.

Gina Hoje é feriado no Brasil?

Daniel Não que eu saiba. Por quê?

Gina Eu quero comprar um óculos de natação, mas o supermercado está fechado.

Daniel Ah! O supermercado sempre fecha no primeiro domingo do mês.

Gina Sabe onde posso comprar um?

Daniel Você pode usar o meu, se quiser.

진아 오늘 며칠이야?

다니엘 오늘 10월 14일이야.

진아 오늘 브라질은 휴일이야?

다니엘 내가 알기론 아니야. 왜?

진아 물안경을 사고 싶은데 슈퍼가 닫혀 있어.

다니엘 아! 그 슈퍼마켓은 매달 첫 일요일에 쉬어.

진아 어디서 살 수 있는지 알아?

다니엘 원한다면, 내 거 써도 돼.

참고
saiba와 quiser는 모두 접속법입니다.
동사 변화 p. 232 참조

대화 TIP

'서수 + 요일 + **de** + 월'로 시기를 표현할 수 있습니다.

O Dia das Mães é no **segundo domingo do mês de maio.**
어머니의 날은 5월 두 번째 일요일입니다.

새 단어 및 표현

feriado *m.* 휴일
Não que eu saiba.
내가 알기로는 아니다.
óculos de natação *m.* 수경
se quiser 원한다면

O que você quer fazer?

Quero ir ao parque de diversão.

Daniel	Quando é o seu aniversário?
Gina	É dia 29 de junho.
Daniel	Peraí. É na próxima segunda! O que você quer fazer?
Gina	Primeiro, quero ir ao parque de diversão. Depois, quero comer bolo. Por último, quero ver os fogos de artifício.
Daniel	Você pode fazer tudo isso no Hopi Hari! Até porque tem desconto na entrada nas segundas.

다니엘	네 생일은 언제야?
진아	6월 29일이야.
다니엘	잠깐만. 다음주 월요일이잖아! 뭐하고 싶어?
진아	첫 번째로는 놀이공원에 가고 싶어. 그다음으로는, 케이크를 먹고 싶어. 그리고 마지막으로는 불꽃놀이를 보고 싶어.
다니엘	그 모든 걸 호피하리에서 할 수 있어! 게다가 월요일에는 할인도 돼.

참고

매(일, 주, 달, 해) 표현

매일: **todo** dia = **todos os** dias

매주: **toda** semana
= **todas as** semanas

매달: **todo** mês
= **todos os** meses

매해: **todo** ano
= **todos os** anos

Vou à padaria **todo dia.**
저는 매일 빵집에 갑니다.

Volto para a Coreia **todos os anos.** 저는 매년 한국에 돌아갑니다.

대화 TIP

'전치사 **em** + 정관사 **os/as** + 요일의 복수형'은 '매 ~마다, ~에는 언제나'의 표현입니다. 같은 의미로 '**todo/a** + 요일' 또는 '**todos/as** + 정관사 **os/as** + 요일 복수형'의 형태를 쓸 수 있습니다.

Nas terças eu estudo português.
저는 매주 화요일에 포르투갈어를 공부해요.

Vou à biblioteca **toda quarta-feira** (= todas as quartas-feiras).
저는 매주 수요일 도서관에 갑니다.

새 단어 및 표현

Peraí. = Espera aí.
잠깐만., 기다려 봐.

próximo/a 가까운, 다음

parque de diversão *m.* 놀이공원

bolo *m.* 케이크

por último 마지막으로

fogos de artifício *m.* 불꽃놀이

desconto *m.* 할인

entrada *f.* 입장권

달력

ano *m.* 해, 년

ano passado 작년, 지난해   **este ano** 올해   **ano que vem, próximo ano** 내년

mês *m.* 달, 월

mês passado 지난달   **este mês** 이번 달   **mês que vem, próximo mês** 다음 달

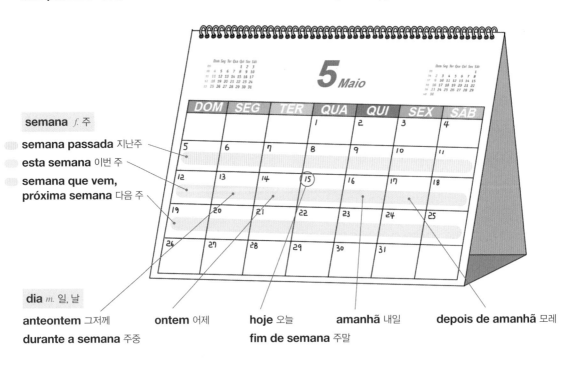

semana *f.* 주

semana passada 지난주
esta semana 이번 주
**semana que vem,
próxima semana** 다음 주

dia *m.* 일, 날

anteontem 그저께   **ontem** 어제   **hoje** 오늘   **amanhã** 내일   **depois de amanhã** 모레

durante a semana 주중   **fim de semana** 주말

계절과 달

estação *f.* 계절	**mês** *m.* 월		
verão *m.* 여름	**dezembro** *m.* 12월	**janeiro** *m.* 1월	**fevereiro** *m.* 2월
outono *m.* 가을	**março** *m.* 3월	**abril** *m.* 4월	**maio** *m.* 5월
inverno *m.* 겨울	**junho** *m.* 6월	**julho** *m.* 7월	**agosto** *m.* 8월
primavera *f.* 봄	**setembro** *m.* 9월	**outubro** *m.* 10월	**novembro** *m.* 11월

참고
브라질의 계절은 한국과 정반대입니다.

Até 표현

Até logo!

Até já!

A 좀 있다 봐!
B 좀 있다 봐!

Bom descanso!

Até amanhã!

A 좋은 휴식 되세요!
B 내일 봐요!

Até a próxima semana!

Até segunda-feira!

Bom fim de semana!

A 좋은 주말 보내세요!
B 다음 주에 봐요!
C 월요일에 봐요!

B의 기타 표현

Até a semana que vem.
다음 주에 봐요.

C의 기타 표현

Até (terça-feira...sexta-feira).
(화요일~금요일)에 봐요.

Até sábado/domingo.
토요일/일요일에 봐요.

문법　1　빈칸에 알맞은 서수를 넣으세요.

(1) 6학년　　⟹　_____ ano

(2) 3층　　　⟹　_____ andar

(3) 10번째 생일　⟹　_____ aniversário

(4) 첫째 딸　⟹　_____ filha

2　주어진 동사를 알맞은 형태로 바꿔 대화를 완성하세요.

Daniel　Você (1) _____ (querer) ir ao parque de diversão?

Gina　Eu (2) _____ (querer)!

Daniel　Quando você (3) _____ (poder)?

Gina　Você (4) _____ (querer) ir amanhã?

Daniel　Que dia é amanhã?

Gina　É dia 27 de junho, sábado.

Daniel　Amanhã eu não (5) _____ (poder).

　　　Nós (6) _____ (poder) ir no domingo?

3　다음은 브라질의 주요 국가 공휴일입니다. 날짜를 풀어 쓰세요.

(1) Tiradentes(찌라덴찌스 추모일) 4월 21일

⟹　_____

(2) Dia da Independência(독립 기념일) 9월 7일

⟹　_____

(3) Proclamação da República(공화국 선포일) 11월 15일

⟹　_____

듣기 ● 녹음을 듣고 질문에 답하세요.

(1) 다니엘이 좋아하는 운동은 무엇이고, 얼마나 자주 그 운동을 하나요?

① futebol – duas vezes por mês

② futebol – três vezes por semana

③ boliche – três vezes por semana

④ boliche – duas vezes por semana

(2) 진아가 좋아하는 운동과 그 운동을 하는 횟수와 어울리는 빈도 부사를 고르세요.

① natação – raramente　　　② natação – sempre

③ golfe – nunca　　　④ golfe – às vezes

읽기 ● 다음 글을 읽고 질문에 답하세요.

> Hoje é o dia 2 de fevereiro, terça-feira.
>
> Nós temos reunião todas as quartas-feiras.
>
> Na última semana de fevereiro não temos reunião porque é feriado no Brasil.

DOM	SEG	TER	QUA	QUI	SEX	SÁB
	1	2 aniversário do Tiago	3 reunião	4	5	6
7	8	9	10 reunião	11	12	13
14	15	16	17 reunião	18	19	20
21	22	23	24 Carnaval	25	26	27

(1) Quando é a próxima reunião?

① hoje　　　② amanhã　　　③ ontem　　　④ próxima semana

(2) Que dia do mês é o feriado?

_____

(3) Que dia de semana é o aniversário do Tiago?

① segunda-feira　　② terça-feira　　③ quarta-feira　　④ quinta-feira

문화 INSIGHT

브라질의 명절과 풍습

◆ 헤베이옹 Réveillon

매년 12월 31일에서 1월 1일로 넘어가는 저녁에 열리는 신년 전야 축제입니다. 이 축제에는 모두 흰색 옷을 입고 참석하여 새해맞이를 합니다. 하얀 옷을 입는 것은 깡동블래Candomblé (아프리카 신앙과 풍습을 전승한 브라질 종교)에서 유래된 풍습으로, 흰색은 새로운 해를 시작하는 깨끗한 마음가짐과 평화를 상징합니다. 리우데자네이루의 코파카바나 해변에서는 화려한 불꽃놀이를 하며 꽃, 비누, 초, 보석, 거울, 과일 등을 작은 배 모형에 실어 바다에 띄우면서 이것들을 아프리카 여신 이에멘자Iemanjá (바다의 여왕)에게 바치는 의식을 치르기도 합니다.

janeiro

fevereiro

março

abril

maio

junho

◆ 부활절 Páscoa

브라질에서 가장 큰 명절 중 하나인 부활절에는 알록달록 꾸민 달걀이나 초콜릿 달걀ovo de Páscoa을 가족과 친구들끼리 선물 합니다. 부활절 기간 동안 이 초콜릿 달걀로 슈퍼마켓 천장과 진열대를 장식하는데, 그 종류와 크기가 다양하며 달걀 속은 다양한 필링이나 장난감 등으로 채워져 있습니다. 어린이들은 부활절 토끼coelho da Páscoa라는 상상의 동물이 자는 동안 달걀을 준다고 믿어 자신의 바구니를 예쁘게 장식하고 잠이 듭니다.

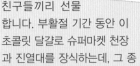

julho

agosto

setembro

outubro

novembro

dezembro

◆ 페스타 주니나 Festa junina

'6월의 축제'라는 이름에서도 알 수 있듯이 페스타 주니나festa junina는 매년 6월 중순에 브라질 전 지역, 특히 북동부에서 열리는 큰 축제입니다. 시골 농부 의상을 입고 주근깨를 그리며 여자는 양갈래 머리를 하고 남자는 볏짚 모자를 쓰고 체크무늬 셔츠와 멜빵바지를 입습니다. 페스타 주니나는 시골 청년과 처녀의 결혼식을 축하하는 피로연이라는 설정으로, 임신해서 나타난 예비 신부와 도망가려는 예비 신랑, 그리고 그를 억지로 잡아 놓고 결혼식을 진행하는 신부의 아버지가 등장합니다. 파티에 참가하는 사람들은 하객이며 모두 손잡고 전통 춤을 추며 즐깁니다.

◆ 성탄절 Natal

브라질에서 성탄절은 연중 가장 큰 축제 기간으로, 전 국민이 연중 쇼핑을 가장 많이 하는 시기이기도 합니다. 브라질에서는 크리스마스 이브인 12월 24일 밤 12시경까지 크리스마스 만찬ceia을 합니다. 이 만찬에는 칠면조와 대구 요리, 하바나다rabanada (브라질식 프렌치 토스트)와 파네토네panetone라는 빵을 먹습니다. 저녁 식사를 마친 후 모두 거실에 모여 마니또amigo secreto (비밀 친구) 게임을 하며 선물을 주고받습니다. 아이들은 산타 할아버지Papai Noel에게 편지를 써서 우체통에 넣는데, 택배 회사에서 형편이 어려운 어린이 중 일부를 골라 편지에 적힌 선물을 전해 주는 이벤트를 진행하던 것이 이제는 하나의 풍습으로 자리잡았습니다.

O que você está fazendo?

동영상 강의

- Fazer 동사

- 경과된 시간 표현

- 현재 진행형

- 날씨 표현

Você faz exercícios todos os dias?
너는 매일 운동해?

Faço.
응.

● Fazer 동사

'~하다', '~만들다'의 의미인 Fazer 동사는 불규칙 동사입니다.

eu	faço	nós	fazemos
você, ele, ela	faz	vocês, eles, elas	fazem

fazer compras
쇼핑하다, 장 보다

fazer comida
음식을 만들다

fazer bolo
케이크를 만들다

fazer exercícios
운동을 하다

fazer lição de casa
숙제를 하다

Minha mãe **faz compras** no Carrefour. 제 어머니는 까르푸에서 장을 봐요.

Ele **faz exercícios** todos os dias. 그는 매일 운동해요.

● 경과된 시간 표현

Há/Faz + 시간 단위 + **que** + 행위 (동작, 상태) ～한 지 ～되었다

질문법	Há/Faz	quanto tempo quantos dias quantas horas	que ~?	～한 지 얼마나 되었어요? ～한 지 며칠 되었어요? ～한 지 몇 시간 되었어요?

A **Faz quanto tempo que** você estuda português? 포르투갈어를 공부한 지 얼마나 됐어요?

B **Faz** 3 meses **que** estudo português. 포르투갈어 공부한 지 3개월 됐어요.

> **주의**
> 비인칭 구문이기 때문에 주어 없이 사용하며, 동사 변화 또한 하지 않습니다.

Está chovendo **muito**.
비가 많이 오네요.

Está frio.
춥네요.

● 현재 진행형

포르투갈어 현재 진행형은 Estar 동사와 현재 분사를 함께 씁니다. 현재 분사는 규칙 동사와 불규칙 동사 구분 없이 동사 원형에서 -r를 제거하고 -ndo를 붙여 주면 됩니다.

Estar 동사 + 현재 분사 -ndo

gostar → gostando 좋아하는 중   beber → bebendo 마시는 중

partir → partindo 떠나는 중

Estou lendo um livro. 저는 책 읽는 중이에요.

Eles **estão se divertindo** na balada. 그들은 클럽에서 즐기는 중이에요.

Meus pais **estão viajando** pela Europa. 저희 부모님은 유럽 여행 중이에요.

> **참고**
> 포르투갈 및 기타 아프리카 지역에서는 'Estar + 전치사 a + 동사 원형'으로 현재 진행형 구문을 만듭니다.
>
> **Eu estou a estudar.**
> 나는 공부 중입니다.
>
> **Tu estás a comer?**
> 당신은 밥을 먹는 중입니까?

● 날씨 표현

chover
비가 오다

fazer sol
햇빛이 쨍쨍하다

ventar
바람이 불다

nevar
눈이 오다

estar agradável
상쾌하다, 기분 좋다

estar frio
춥다

estar calor
덥다

estar quente
뜨겁다

estar úmido
습하다

estar nublado
흐리다

A Como está o tempo hoje? 오늘 날씨가 어때요?

B Está muito **agradável**. E aí na Coreia? 매우 상쾌해요. 거기 한국은요?

A **Está nevando** aqui na Coreia. **Está muito frio**.
여기 한국은 눈이 오는 중이에요. 매우 추워요.

> **참고**
> **날씨 관련 어휘**
> nuvem 구름, neblina 안개, chuva 비, sol 해, vento 바람, neve 눈

O que você está fazendo?		Estou jogando golfe com o meu colega.

Adriana   O que você está fazendo?

Tiago   Estou jogando golfe com o meu colega.

Adriana   Ah é? Faz tempo que não jogo golfe.
Estão se divertindo?

Tiago   Muito! Ainda mais, estou ganhando.
E você, o que cê tá fazendo?

Adriana   Estou lendo um livro.

Tiago   Está gostando?

Adriana   Não muito.

아드리아나	뭐 하는 중이야?
찌아고	회사 동료랑 골프 치고 있어.
아드리아나	그래? 나는 골프 안 친 지 오래됐네. 재미있게 놀고 있어?
찌아고	엄청! 게다가 내가 이기는 중이야. 너는, 뭐 하는 중이 야?
아드리아나	나는 책 읽고 있어.
찌아고	마음에 들어?
아드리아나	그다지.

Faz tempo que não는 '~ 안 한 지 오래됐다'라는 표현입니다.

Faz tempo que não jogo golfe. 나는 골프를 안 친 지 오래됐다.
Faz tempo que a gente **não** se vê. 우리는 서로를 못 본 지 오래됐다.
Faz tempo que você **não** vai para o Brasil? 너는 브라질 안 간 지 오래됐니?

새 단어 및 표현

divertir-se 즐기다
ainda mais 게다가
ganhar 이기다
não muito 그다지

Como está o tempo aí no campo?

Está fazendo sol e não tem vento.

Adriana	Como está o tempo aí no campo?
Tiago	Está fazendo sol e não tem vento.
Adriana	Ah é?
Tiago	Sim, está perfeito para jogar golfe.
Adriana	Aqui tá chovendo e ventando forte. Estou morrendo de frio.
Tiago	E eu estou morrendo de fome. Faz meia hora que meu colega está escolhendo o menu.

아드리아나	거기 필드는 날씨가 어때?
찌아고	화창하고 바람도 안 불어.
아드리아나	그래?
찌아고	응. 골프 치기 딱 좋아.
아드리아나	여기는 비 오고 바람도 세게 불고 있는 중이야. 추워 죽겠어.
찌아고	나는 배고파 죽겠어. 동료가 30분째 메뉴를 고르고 있어.

대화 TIP

- 'Está perfeito para + 명사/동사 원형'은 '~ 하기 완벽해/딱 좋아'라는 표현입니다.

  O vinho **está perfeito para** consumo. 그 와인은 섭취하기 딱 좋은 상태야.

  O clima **está perfeito para** passear. 날씨가 산책하기 딱 좋은 날씨야.

- Estar morrendo de는 '~ 때문에 죽겠다'라는 표현입니다.

  Estou morrendo de fome. 배고파 죽겠어.

  Estou morrendo de dor de barriga. 배 아파 죽겠어.

새 단어 및 표현

campo *m.* 시골, 필드
forte 강하게, 강한
morrer 죽다
escolher 고르다, 선택하다

규칙 동사: -er 동사

beber
마시다

comer
먹다

correr
뛰다

vender
팔다

escrever
쓰다

entender
이해하다

ler
읽다

aprender
배우다

responder
대답하다

descer
내려가다

규칙 동사: -ir 동사

partir
출발하다

abrir
열다

dormir
자다

assistir
(TV, 드라마, 영화 등을)
보다

sair
나가다

subir
오르다

cair
떨어지다

dirigir
운전하다

날씨 관련 표현

Como é o clima da
Coreia em maio?

Nem muito quente,
nem muito frio.

A 5월에 한국은 날씨가 어때요?
B 너무 덥지도, 너무 춥지도 않아요.

▶ nem ~ nem ~ ~도 아니고 ~도 아닌

Está frio aqui.
Posso desligar o
ar-condicionado?

Claro!

A 여기 춥네요. 에어컨 꺼도 되나요?
B 당연하죠!

▶ desligar 끄다 │ ligar 켜다 │
ar-condicionado *m.* 에어컨

Está muito abafado
aqui dentro.

Quer abrir a
janela?

A 여기 안은 굉장히 후덥지근하네요.
B 창문 열래요?

▶ abafado/a 후덥지근한

Está chovendo
lá fora.

Você tem
guarda-chuva?

A 밖에 비 오고 있어요.
B 우산 있어요?

▶ guarda-chuva *m.* 우산

문법

1 빈칸에 알맞은 형태의 Fazer 동사를 넣어 문장을 완성하세요.

(1) Eu _____ compras no supermercado.

(2) Onde o senhor _____ compras?

(3) Nós não _____ exercícios.

(4) O Daniel e a Camila _____ tudo juntos.

2 그림을 보고 각 인물이 무엇을 하는 중인지 아래 어휘를 사용하여 답하세요.

| comer pizza | correr no parque | ler livro |
| dormir | comprar sorvete | |

(1) O que a Gina está fazendo? _____

(2) O que o Seu Zé está fazendo? _____

(3) O que a Camila está fazendo? _____

(4) O que o Daniel está fazendo? _____

(5) O que o Félix está fazendo? _____

듣기 ● 녹음을 듣고 각 지역과 날씨를 연결하세요.

(1) São Paulo •

• ①

(2) Rio de Janeiro •

• ②

(3) Salvador •

• ③

(4) Manaus •

• ④

읽기 ● 다음 글을 읽고 질문에 답하세요.

Toda manhã eu ⓐ faço jogging no parque perto da minha casa, mas já faz dois dias que não ⓑ corro porque está chovendo sem parar. Eu ⓒ estou fazendo ioga, mas não gosto muito de ⓓ fazer exercícios em casa.

(1) ⓐ~ⓓ 중 동의어로 쓰인 쌍을 올바르게 짝 지은 것을 고르세요.

① ⓐ – ⓑ   ② ⓑ – ⓓ   ③ ⓐ – ⓒ   ④ ⓒ – ⓓ

(2) 내용과 일치하지 않는 것을 고르세요.

① 비가 이틀간 멈추지 않고 왔다.

② 글쓴이는 집에서 요가를 하고 있다.

③ 글쓴이는 매일 아침 공원에서 조깅한다.

④ 글쓴이는 집에서 운동하는 것을 매우 좋아한다.

★ jogging *m.* 조깅 ｜ sem parar 멈추지 않고 ｜ ioga *f.* 요가

삼바의 역사와 삼바 퍼레이드

17세기 리우데자네이루에서 탄생한 삼바는 아프리카 전통 춤에 폴카, 마시시(1870년대 브라질에서 유행하던 사교춤, 브라질의 탱고) 등의 다른 장르가 어우러져 브라질의 고유 문화로 탄생한 장르입니다. 삼바의 특징은 경쾌하고 격렬한 춤 사위와 빠른 리듬입니다. 삼바는 포르투갈 식민지 시절 브라질로 온 아프리카 흑인 노예들이 고단한 일상을 잊기 위해 '봉고bongô'와 '바뚜까다batucada'라는 아프리카 북을 치며, 그 리듬에 맞춰 박수를 치고 노래를 부르며 자신들의 흥을 표출하던 것에서 시작되었습니다. 이후, 지역별로 서로 다른 특징을 지닌 삼바 비트와 춤이 유행을 타고 브라질 전역으로 퍼졌습니다.

카니발 축제의 하이라이트, 삼바 퍼레이드

카니발 기간에 앞서 삼바 학교들은 해마다 새로운 주제를 정해 1년 동안 준비합니다. 삼바 퍼레이드 경연은 세분화된 리그liga 별로 진행되는데, 삼바 학교들은 학교의 명예를 걸고 참가합니다. 퍼레이드는 6만 명의 관람객을 수용할 수 있는 삼바 경기장sambódromo에서 펼쳐집니다. 하나의 퍼레이드에서는 총 3,000~5,000명이 무대를 구성하며 60~80분 가량의 퍼포먼스를 선보입니다. 매해 우승 팀에게는 큰 상금이 주어집니다.

삼바 스쿨 구성 요소

테마에 맞게 화려하게 꾸며진 5~8대의 삼바 차량.

해당 삼바 학교의 고유 깃발을 흔들며 춤추는 뽀르타 반데이라porta-bandeira (여자 기수)와 그녀를 호위하며 춤추는 메스트리 살라mestre-sala(무도회를 지휘하는 직책을 맡은 남자)의 우아한 춤. 서너 쌍 등장.

알라 다스 바이아나스
ala das baianas
바이아 전통 옷을 입은 여성 무용수들의 행렬, 삼바의 영혼을 상징.

바테리아bateria
250~300명으로 구성된 타악기를 연주하는 대규모 밴드. 흥을 돋우는 역할을 하며 삼바 경연 대회의 가장 중요한 평가 항목 중 하나이기도 함. '드러머들의 여왕'이 앞장 서 관객들의 호응을 유도함.

빠시스타스passistas
매년 경연을 통해 선발된 실력 있는 15~20명의 삼바 댄서들로 구성. 퍼레이드 구역 곳곳에서 춤을 추는 특권을 가짐.

Tenho dor de cabeça.

동영상 강의

- Ter 동사 용법
- Ter que ~: 의무감 표현
- 의견을 표현하는 Achar 동사
- 부정어 I

Você tem tempo hoje?
오늘 시간 있어?

Não. Tenho que dar aula.
아니. 수업해야 돼.

● Ter 동사 용법

Ter 동사의 대표 의미는 '가지다'입니다. 그러나 이외에도 다양하게 사용됩니다. '소유(물건), 나이, 관계, 상태, 시간 등을 가지다'를 표현할 때 사용됩니다.

소유	**Tenho** um carro azul. 나는 파란 차 한 대를 갖고 있다.
나이	**Tenho** 20 anos. 나는 20살이다.
관계	**Tenho** um irmão mais velho. 나는 형/오빠가 한 명 있다.
상태	**Tenho** medo. 나는 두렵다.
아픔/병	**Tenho** dor de barriga. 나는 배가 아프다.
기타	**Tenho** aula hoje. 나는 오늘 수업이 있다.

> **참고**
>
> 'Ter + 추상 명사'구문은 'Estar com + 추상 명사'구문과 비슷하게 사용됩니다. 다만, Ter 동사는 지속되거나 습관적인 구문을 표현하는 데 사용될 수 있으며 Estar 동사는 일시적인 상태를 표현하는 데 사용됩니다.
>
> **Tenho** sorte. 나는 운이 좋다.   **Estou com** sorte. 나는 (현재) 운이 좋다.
>
> **Tenho** dor de barriga. 나는 복통이 있다.   **Estou com** dor de barriga. 나는 (현재) 배가 아프다.

● Ter que ~: 의무감 표현

'Ter que + 동사 원형' 구문은 '~해야 한다'라는 표현으로 의무 또는 당위성을 나타냅니다. 부정문으로 사용될 경우 '~하지 않아도 되다'라는 뜻이 됩니다.

Ter que + 동사 원형	~해야 한다
Não ter que + 동사 원형	~할 필요없다, ~하지 않아도 되다

Eu **tenho que** estudar.
나는 공부해야 해.

Nós **não temos que** trabalhar amanhã.
우리는 내일 일을 하지 않아도 돼.

또한, 추천의 의미로 사용할 수 있습니다.

Você **tem que** ler este livro.
너 이 책 꼭 읽어 봐야 해.

Vocês **têm que** assistir àquele filme.
너네 저 영화 꼭 봐야 해.

Acho que ele comeu chocolate.
초콜릿을 먹은 것 같아요.

Acho melhor levar ele ao veterinário.
수의사에게 데려가 보는 게 좋을 것 같아요.

● 의견을 표현하는 Achar 동사

Achar 동사는 '찾다'를 의미하는 규칙 동사이지만, 다음과 같이 의견을 표현하는 구문에 사용될 수 있습니다.

Achar que + 문장 ～라고 생각하다	Eu **acho que** você tem razão. 나는 네 말이 일리가 있다고 생각해. Você **acha que** isso é verdade? 너는 그것이 사실이라고 생각하니?
Não achar que + 문장 ～라고 생각하지 않는다	Eu **não acho que** isto é barato. 나는 이것이 저렴하다고 생각하지 않아. Nós **não achamos que** português é difícil. 우리는 포르투갈어가 어렵다고 생각하지 않는다.
O que + 주어 + achar? ～은/는 어떻게 생각해?	**O que** você **acha**? 너는 어떻게 생각하니? **O que** vocês **acham**? 너희들은 어떻게 생각하니?

> **참고**
> Achar 동사와 bom/melhor을 같이 사용하면 '～하는 게 좋은 것/나은 것 같다'를 표현할 수 있습니다.
> **Acho (que é) bom** você ligar para ela. (내 생각엔) 네가 그녀에게 전화해 보는 게 좋을 것 같아.
> **Acho (que é) melhor** pegar ônibus. (내 생각엔) 버스를 타는 게 나을 것 같아.

● 부정어 I

부정 대명사는 형태가 불변하며 단독으로 사용합니다. 이때 동사는 3인칭 단수형으로 씁니다. 부정 형용사는 수식하는 명사의 성과 수에 일치시키며 주로 명사 앞에 위치합니다.

	부정 대명사		부정 형용사
	사람	사물	
긍정	alguém 누군가	algo 어떤 것	algum, alguma, alguns, algumas 어떤
부정	ninguém 아무도	nada 아무것도	nenhum, nenhuma, nenhuns, nenhumas 아무런

Alguém fala inglês? 누구 영어 할 줄 알아?

Não tenho **nada** para dizer. 난 할 말이 아무것도 없어.

Nenhuma pessoa é mais importante que você.
= **ninguém**
너보다 중요한 사람은 아무도 없어.

> **참고**
> • 포르투갈어에서는 이중 부정을 쓸 수 있습니다.
>   **Não** comi **nada**. 나는 아무것도 먹지 않았다.
> • algum(a)의 복수형인 alguns, algumas는 '몇몇'의 의미입니다.
>   **Algumas** pessoas não gostam de café.
>   몇몇 사람들은 커피를 안 좋아해.

O que você tem?

Acho que tenho febre.

Daniel	O que você tem?
Gina	Estou gripada. Acho que tenho febre também.
Daniel	Deixa eu ver... Você está fervendo! Você tem que ir para o hospital.
Gina	Não posso. Preciso estudar. Tenho prova amanhã.
Daniel	Acho melhor você tomar remédio e descansar um pouco.

다니엘	어디 아파?
진아	감기 걸렸어. 열도 있는 것 같아.
다니엘	어디 보자……. 너 몸이 끓는 것처럼 뜨거워! 병원 가야 돼.
진아	안 돼. 공부해야 해. 내일 시험 있어.
다니엘	내 생각엔 약 먹고 조금 쉬는 게 나을 것 같아.

대화 TIP

- **O que você tem?**는 직역하면 '너는 무엇을 가지고 있니?'지만 상황에 따라 아픈지를 묻는 표현입니다.

- 의무감을 표현하는 다른 방법으로 **Precisar**(필요하다) 동사를 사용할 수 있습니다. 형태는 '**Precisar** + 동사 원형'입니다.
  Eu **preciso** fazer lição de casa. 나는 숙제를 해야 한다.

새 단어 및 표현

febre *f.* 열
Deixa eu ver... 어디 보자…….
ferver 끓다
prova *f.* 시험
descansar 쉬다
um pouco 조금

Alguém tem algum remédio para gripe?

Infelizmente eu não tenho.

Gina	Alguém tem algum remédio para gripe?
Daniel	Infelizmente eu não tenho.
Adriana	Nem eu. Você está passando mal?
Gina	Sim. Estou com muita dor de cabeça.
Adriana	Coitada! Tem uma farmácia aqui perto.
Gina	É que não tem ninguém lá agora.
Adriana	Acho que é porque é horário de almoço. Deve abrir daqui a pouco.

진아	감기약 아무거나 갖고 있는 사람 있어요?
다니엘	안타깝게도 난 없어.
아드리아나	저도요. 몸이 안 좋나요?
진아	네. 머리가 너무 아파요.
아드리아나	가엾어라! 여기 근처에 약국 있어요.
진아	거기 지금 아무도 없어서요.
아드리아나	점심시간이라 그런 것 같네요. 곧 열 거예요.

대화 TIP

'**Dever** + 동사 원형' 구문은 추측(~일 것 같다, ~할 것 같다)과 의무(~의무를 지다, 책임이 있다)를 표현하는 데 사용됩니다.

추측　Eles **devem** estar com fome. 그들은 배고픈 상태일 것 같다.

의무　Você **deve** ir ao médico. 당신은 의사에게 가야 한다.

새 단어 및 표현

infelizmente 불행히도, 유감스럽게도
passar mal 몸이 안 좋다
farmácia f. 약국
horário de almoço 점심시간
deve abrir 열 것이다

신체 부위

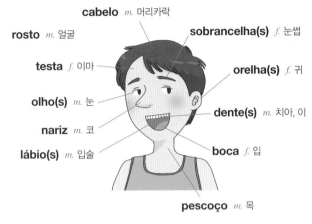

cabelo _m._ 머리카락
rosto _m._ 얼굴
sobrancelha(s) _f._ 눈썹
testa _f._ 이마
orelha(s) _f._ 귀
olho(s) _m._ 눈
dente(s) _m._ 치아, 이
nariz _m._ 코
boca _f._ 입
lábio(s) _m._ 입술
pescoço _m._ 목

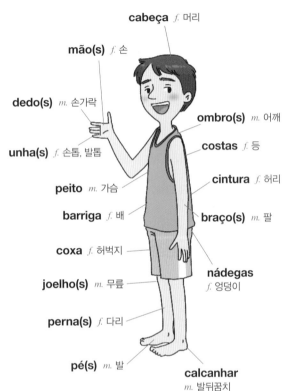

cabeça _f._ 머리
mão(s) _f._ 손
dedo(s) _m._ 손가락
ombro(s) _m._ 어깨
costas _f._ 등
unha(s) _f._ 손톱, 발톱
cintura _f._ 허리
peito _m._ 가슴
barriga _f._ 배
braço(s) _m._ 팔
coxa _f._ 허벅지
nádegas _f._ 엉덩이
joelho(s) _m._ 무릎
perna(s) _f._ 다리
pé(s) _m._ 발
calcanhar _m._ 발뒤꿈치

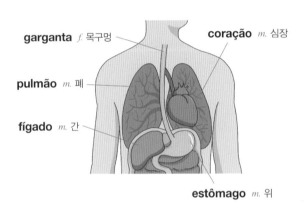

garganta _f._ 목구멍
coração _m._ 심장
pulmão _m._ 폐
fígado _m._ 간
estômago _m._ 위

병명

febre _f._ 열
náusea _f._ 어지럼증
enjoo _m._ 멀미
diarreia _f._ 설사
gripe _f._ 감기
constipação, prisão de ventre _f._ 변비
dor de dente _f._ 치통
dor de barriga/estômago _f._ 복통
dor de cabeça _f._ 두통
enxaqueca _f._ 편두통
hipertensão, pressão alta _f._ 고혈압
hipotensão, pressão baixa _f._ 저혈압

> **참고**
> 'dor + de/em + 신체 부위' 구문으로 아픈 곳을 표현할 때 어느 경우에 어떤 전치사가 사용되는지 확인하시기 바랍니다.
>
> dor **nos** olhos　　dor **de** estômago/barriga
> dor **nas** pernas　　dor **de** ouvido
> dor **nas** mãos　　　dor **de** cabeça
> dor **no** pescoço　　dor **de** dente
> dor **no** joelho

병원·약국에서 사용하는 표현

O que você tem?

Eu estou com muita dor de cabeça.

A 어디가 아프세요?
B 머리가 너무 아파요.

A의 기타 표현

O que você está sentindo?
증상이 어떤가요?

Vou dar uma receita para um medicamento.

Obrigado. Vou passar na farmácia.

A 약 처방해 드릴게요.
B 감사합니다. 약국에 들를게요.

▶ receita *f.* 처방전 | medicamento *m.* 약

Como é que tomo este remédio?

Tome três vezes por dia após as refeições.

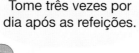
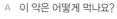

A 이 약은 어떻게 먹나요?
B 하루 세 번 식후에 드세요.

B의 기타 표현

Tome meia hora depois de cada refeição.
매 식사 30분 후에 드세요.

▶ refeição *f.* 식사 | cada 각각(의)

Atchim!

Saúde!

A 에취!
B 건강해!

참고

saúde는 '건강'이라는 뜻의 여성 명사입니다. 재채기하는 사람에게 '건강하라'는 의미로 사용되며, 술자리에서는 '건배' 의미로 사용됩니다.

문법 1 보기 와 같이 문장을 만드세요.

> 보기
>
> Eu: ter gripe. Ter que descansar.
> → Eu tenho gripe, por isso tenho que descansar.

(1) Ele: ter jogo de futebol amanhã. Ter que praticar.

→ _____

(2) Nós: ter prova de português. Ter que estudar.

→ _____

(3) Eles: ter reunião importante. Ter que preparar.

→ _____

★ por isso 그리하여, 그러므로 ｜ preparar 준비하다

2 빈칸에 알맞은 단어를 넣어 대화를 완성하세요.

nenhuma	nada	ninguém

Juno　　　　Alguém telefonou?

Secretária　Não, (1) _____.

Juno　　　　Tem alguma encomenda?

Secretária　Não tem (2) _____.

Juno　　　　Tem algum e-mail?

Secretária　Não tem (3) _____ para o senhor.

★ telefonar 전화하다 ｜ encomenda ƒ. 소포

듣기 ● 녹음을 듣고 질문에 답하세요.

061

(1) 다음 중 사실이 아닌 것을 고르세요.

　① 제 아저씨는 고양이 한 마리가 있다.

　② 제 아저씨는 거미를 무서워한다.

　③ 제 아저씨는 거미를 무서워하지 않는다.

　④ 제 아저씨의 고양이는 사람을 무서워한다.

(2) 다음 중 뒤에 이어질 말로 가장 적절한 것을 고르세요.

　① Ele tem medo de aranha.

　② Ele é um gato extrovertido.

　③ Ninguém tem medo de aranha.

　④ Quando alguém chega perto dele, ele começa a tremer.

★ tremer (몸을) 떨다 ｜ extrovertido/a 외향적인

읽기 ● 다음 대화를 읽고 질문에 답하세요.

Médico　　ⓐ O que você sente?

Daniel　　Estou com dor de garganta. ⓑ Acho que estou gripado.

Médico　　Vou dar uma receita. ⓒ Tome duas vezes depois de cada refeição.

Daniel　　Obrigado.

(1) 다음 중 ⓐ를 대체할 수 없는 표현을 고르세요.

　① O que você tem?　　　　　② O que você está sentindo?

　③ O que você está fazendo?　④ Que foi?

(2) ⓑ를 제대로 해석한 문장을 고르세요.

　① 아픈 것 같아요.　　　　　② 감기 걸린 것 같아요.

　③ 저도 모르겠어요.　　　　　④ 아픈 게 나은 것 같아요.

(3) ⓒ에 따르면 이 환자는 약을 몇 번 먹어야 하나요?

　① 식후 한 번, 하루 세 번　　② 식후 두 번, 하루 세 번

　③ 식후 두 번, 하루 한 번　　④ 식후 한 번, 하루 두 번

브라질 전통 음악과 무술

까뽀에이라 Capoeira

브라질의 전통 무술 춤인 까뽀에이라는 식민 시대에 브라질로 팔려 온 아프리카 노예들이 아프리카 음악과 리듬에 맞춰 만들었습니다. 타악기를 연주하는 사람들이 있으며, 사람들이 둥그런 원을 만들어 그 원 안에서 두 명의 까뽀에이라 댄서 capoeiristas 가 리듬에 맞춰 발차기, 물구나무서기 등 고난도의 무술 동작을 선보입니다.

주짓수 Jiu Jitsu

주짓수는 오늘날 우리나라에도 널리 알려진 브라질의 무술입니다. 창시자인 그레이시는 유도에 브라질 고유 격투 무술을 접목시켜 자신의 작은 체구로도 상대방을 제압할 수 있는 기술을 연마하였습니다. 그런 기술을 모아 가르치기 시작한 것이 주짓수라는 스포츠가 되었으며 미국으로 이민 간 그레이시의 아들이 제1회 UFC 대회에서 우승하며 세계적으로 주짓수 붐이 일어나기 시작했습니다.

보싸노바 Bossa Nova

전 세계 음악 팬들에게 가장 많이 사랑 받는 음악 중 하나인 브라질의 Bossa Nova는 '새로운 경향'이라는 뜻을 담고 있습니다. 화려하고 정열적으로 빠른 삼바 리듬에 재즈 선율이 가미된 감미로운 음악이며 브라질에서 50년대 말과 60년대 초에 창시된 장르입니다. 힘을 주지 않고 편하게 부르는 목소리와 경쾌한 리듬에 몸이 절로 들썩이는 독특한 매력이 있어 우리나라에서도 많은 카페들이 배경 음악으로 틀고 있습니다. 가장 널리 알려진 곡으로는 Tom Jobim의 'A Garota de Ipanema(이빠네마의 소녀)', Tom Jobim & Astrud Gilberto의 'Água de beber', Astrud Gilberto의 'Manhã de Carnaval(영화 '흑인 오르페' OST)'등이 있습니다.

Vou de ônibus.

동영상 강의

- Ir 동사
- 교통수단
- 교통수단 묻고 답하기
- 소요 시간 묻기

Onde você vai?
어디 가?

Eu vou à padaria.
빵집에 가.

● Ir 동사

Ir 동사는 '가다'를 의미하는 불규칙 동사입니다.

eu	vou	nós	vamos
você, ele, ela	vai	vocês, eles, elas	vão

Ir 동사는 주로 방향을 나타내는 전치사 a나 para와 함께 쓰입니다. Ir + para 뒤에 장소를 지칭하는 명사를 쓰는 경우 '(목적지)에 가다'를 의미합니다. 그러나 para 다음에 동사 원형을 사용하면 '목적지'가 아닌 '목적' 을 의미하게 됩니다.

목적지	Ir + a/para + 장소 ~에 가다	Eu **vou ao** restaurante. 나는 식당에 간다.
목적	Ir + para + 동사 원형 ~하러 가다	Eu **vou para** jantar. 나는 저녁 식사를 하러 간다.

Eu **vou ao** restaurante **para** jantar. 나는 저녁 식사를 하러 식당에 간다.

● 교통수단

'교통수단을 타고 가다'를 표현할 때 Ir 동사와 함께 전치사 de를 사용하고, 그 뒤에 교통수단의 이름을 사용 합니다. 다만, '걸어서'라는 표현은 전치사 a와 발을 뜻하는 명사 pé를 함께 사용합니다.

Eu vou **de ônibus** para o trabalho. 나는 버스를 타고 직장에 갑니다.

Eu vou para casa **a pé**. 나는 걸어서 집에 갑니다.

> **주의**
> 이 경우, 전치사 뒤 정관사를 사용하지 않습니다.
> Eu vou <u>do</u> carro. (X) Eu vou <u>de</u> carro. (O)

교통수단 명사는 Ir 동사 외에 Vir(오다), Andar(걷다), Pegar(잡다) 동사와 함께 사용할 수 있습니다.

Vir de ~ ~을/를 타고 오다	Eu **vim de** ônibus. 저는 버스 타고 왔어요.
Andar de ~ ~을/를 타고 다니다	Sempre **ando de** metrô. 저는 항상 지하철을 타고 다닙니다.
Pegar (대중교통)을/를 타다	Ele **pega** o mesmo ônibus todos os dias. 그는 매일 같은 버스를 탑니다.

Como você vai para casa?
집에 어떻게 가?

Vou de ônibus.
버스 타고 가.

● 교통수단 묻고 답하기

의문사 Como를 사용한 'Como você vai a/para + 목적지?' 구문으로 상대방이 어떤 교통수단을 이용하여 목적지로 가는지 물을 수 있습니다.

질문	Como você vai a/para + 목적지? 당신은 (목적지)에 어떻게 가나요?
답변	Vou de metrô. 지하철 타고 가요. Vou a pé. 걸어가요

'Como posso ir a/para + 목적지?' 구문은 길을 물을 때 사용되는 표현입니다. 목적지에 어떤 교통수단을 이용하여 갈 수 있는지 물을 수 있습니다.

질문	Como posso ir a/para + 목적지? (목적지)에 어떻게 갈 수 있나요?
답변	Você pode pegar ônibus ou ir de metrô. 버스 타거나 지하철 타면 돼요.

● 소요 시간 묻기

의문사 Quanto와 동사 Demorar(지연되다) 또는 Levar(가져가다, (시간이) 걸리다)를 사용해 소요 시간을 물을 수 있습니다. 이 구문상 두 동사는 혼용해도 의미 차이가 없습니다.

Quanto tempo leva/demora +   **até + 목적지?**   (목적지)까지 얼마나 걸리나요?

de + 교통수단?   (교통수단)(으)로 얼마나 걸리나요?

A **Quanto tempo leva** até o Parque Nacional? 국립 공원까지 얼마나 걸리나요?

B Leva uns 15 minutos. 15분쯤 걸립니다.

A **Quanto tempo demora** de táxi? 택시로 얼마나 걸려요?

B Demora uns 10 minutos de táxi. 택시로 10분쯤 걸려요.

A **Quanto tempo leva** até a Prefeitura de ônibus? 버스로 시청까지 얼마나 걸리나요?

B Leva uns 20 minutos. 20분쯤 걸립니다.

> **참고**
> Quanto tempo(얼만큼의 시간) 외에도 Quantos minutos(몇 분),
> Quantas horas(몇 시간)로 구체적인 소요 시간을 물을 수 있습니다.
> **Quantas horas** leva de avião? 비행기로 몇 시간 걸리나요?
> **Quantos minutos** demora até o hotel? 호텔까지 몇 분 걸리나요?

Para o aeroporto, por favor.

Para onde a senhora vai?

Motorista	Para onde a senhora vai?
Dona Inês	Para o aeroporto, por favor.
Motorista	Sim, senhora.
Dona Inês	Quanto tempo demora daqui até o aeroporto?
Motorista	Aproximadamente 50 minutos se não pegar trânsito.
Dona Inês	Ainda bem. Tenho que chegar antes das oito.
Motorista	A que horas é o seu voo?
Dona Inês	Às nove e quarenta.

택시 기사	어디로 가세요?
이네스 아주머니	공항으로 가 주세요.
택시 기사	네, 알겠습니다.
이네스 아주머니	여기서 공항까지 얼마나 걸리나요?
택시 기사	안 막힌다면 대략 50분 걸립니다.
이네스 아주머니	다행이네요. 8시 전에 도착해야 돼요.
택시 기사	몇 시 비행이에요?
이네스 아주머니	9시 40분이요.

대화 TIP

대략적인 숫자를 이야기할 때는 다음과 같은 단어를 사용할 수 있습니다.

① 부정 관사의 복수형: **uns** 10 minutos, **umas** quatro horas

② **aproximadamente, a cerca de, mais ou menos**: 대략, 약, ~정도

　　aproximadamente cinco quilometros 대략 5킬로미터

　　a cerca de vinte pessoas 약 스무 명

　　mais ou menos seis reais 대략 6헤알

새 단어 및 표현

Para onde a senhora vai?
어디로 가시나요?

aeroporto *m.* 공항
daqui até o aeroporto
여기서 공항까지

aproximadamente 대략
trânsito *m.* 교통 체증
se não pegar trânsito
차가 안 막힌다면

voo *m.* 항공편, 비행

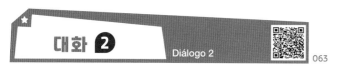

Quanto tempo leva de bicicleta?

Leva mais ou menos meia hora.

Tiago	Como você vai ao trabalho?
Adriana	Normalmente vou de bicicleta, mas quando chove pego ônibus.
Tiago	Quanto tempo leva de bicicleta?
Adriana	Leva mais ou menos meia hora.
Tiago	E de ônibus?
Adriana	Demora 15 minutos no máximo, mas tenho que andar uns 10 minutos até o ponto de ônibus.

찌아고	어떻게 출근해?
아드리아나	보통 자전거 타고 가는데 비 오면 버스 타.
찌아고	자전거 타고 얼마나 걸려?
아드리아나	30분 정도 걸려.
찌아고	버스로는?
아드리아나	최대 15분 걸려. 근데 버스 정류장까지 10분 정도 걸어 가야 해.

대화 TIP

- **quando**는 접속사로 쓰이는 경우 '~할 때'를 의미합니다.

- '일', '업무'를 뜻하는 단어인 **trabalho**는 '회사'를 의미하기도 합니다. 근무하는 곳, 즉 직장은 **trabalho**라고 하며, 회사 자체를 지칭할 때는 **empresa**라고 합니다.

  Como você vai ao trabalho? (O)   당신은 회사에 어떻게 가나요?, 어떻게 출근하나요?
  Como você vai à empresa? (X)

  A empresa dela está com dificuldades. (O)   그녀의 회사가 사정이 어렵다.
  O trabalho dela está com dificuldades. (X)

새 단어 및 표현

bicicleta *f.* 자전거
quando ~할 때
máximo *m.* 최대
no máximo 많아 봐야, 기껏해야
ponto de ônibus *m.* 버스 정류장

교통수단

ir de +

bicicleta
f. 자전거

moto(cicleta)
f. 오토바이

carro
m. 자동차

táxi
m. 택시

ônibus
m. 버스

metrô
m. 지하철

trem
m. 기차

navio
m. 배

avião
m. 비행기

ir a +

pé
m. 발

기타 교통 관련 동사

atravessar
건너다

**fazer baldeação,
baldear**
환승하다

passar
지나다

참고
동물을 타고 이동하는 경우의 전치사를 참고하세요.
　　　　　　　a cavalo 말을 타고
ir/andar + **de burro** 당나귀를 타고
　　　　　　　de camelo 낙타를 타고

대중교통 이용 시

Pode ficar com o troco.

São 18 reais e 50 centavos.

A 18헤알 50센트입니다.
B 거스름돈은 가지세요.

▶ troco *m.* 거스름돈

참고
trocado *m.* 잔돈

Onde posso pegar o ônibus para o hotel?

O ponto fica logo em frente à entrada principal.

Informações

A 호텔로 가는 버스 어디에서 탈 수 있나요?
B 정문 바로 앞에 정류장이 있어요.

▶ entrada principal 정문

Este ônibus passa pelo centro da cidade?

Sim. É a próxima parada.

A 이 버스가 시내를 지나가나요?
B 네. 바로 다음 정거장이에요.

Como posso chegar na Estação Butantã?

Você precisa fazer baldeação na Estação Pinheiros.

Morumbi

A 부땅따 역에 가려면 어떻게 해야 하나요?
B 삥네이로스 역에서 환승해야 돼요.

▶ estação *f.* 지하철역 | baldeação *f.* 환승

Unidade 12 139

연습 문제 Exercícios

문법

1 Ir 동사를 주어에 맞게 쓰세요.

(1) Eu _____ à escola.

(2) Ele _____ ao trabalho.

(3) Nós _____ ao supermercado.

(4) Eles _____ para a Coreia.

(5) A gente _____ de metrô.

2 그림을 보고 다음 문장을 올바르게 연결하세요.

(1)   Gina vai   •   • ① para o escritório   •   • ⓐ para trabalhar.

(2) Tiago vai   •   • ② para a universidade   •   • ⓑ para fazer compras.

(3) Dona Inês vai   •   • ③ ao restaurante   •   • ⓒ para almoçar.

(4) Camila vai   •   • ④ ao supermercado   •   • ⓓ para aprender português.

3 다음은 리우데자네이루의 관광 명소입니다. 빈칸에 올바른 전치사를 넣어 대화를 완성하세요.

(1) A Como posso ir ao Corcovado?

  B Você pode ir _____ ônibus.

(2) A Como posso ir ao Pão de Açúcar?

  B Você pode ir _____ bondinho.

(3) A Como posso ir à Praia de Copacabana?

  B Você pode ir _____ pé.

Corcovado

Pão de Açúcar

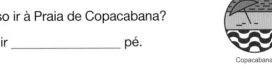
Copacabana

★ bondinho _m._ 케이블카

● 녹음을 듣고 질문에 답하세요.

066

(1) Para onde a Gina vai?

① Parque   ② Praça   ③ Prefeitura   ④ Palácio

(2) Quanto tempo demora até lá?

① três minutos   ② seis minutos   ③ dez minutos   ④ treze minutos

(3) Até que horas ela tem que chegar?

① 10:00   ② 11:00   ③ 12:00   ④ 13:00

읽기 ● 다음 대화를 읽고 질문에 답하세요.

A Como você vai à Coreia?

B Eu vou de Korean Air.

A Há voo direto do Brasil?

B Não.

A Por onde passa?

B Às vezes por Paris e às vezes por Dubai.

A ⓐ _____

B Mais ou menos 27 horas.

A Que viagem extensa!

(1) ⓐ에 들어가기 적절하지 않은 것을 고르세요.

① Quantas horas de voo?   ② Como você vai?

③ Leva quanto tempo?   ④ Demora quanto tempo?

(2) 다음 중 옳은 것을 고르세요.

① B는 한국에 가 본 적이 없다.

② 브라질에서 한국까지 대략 27시간 걸린다.

③ 브라질에서 한국까지 직항 비행 노선이 있다.

④ Korean Air는 브라질에서 한국으로 갈 때 항상 도시 두 곳을 거쳐 간다.

★ voo direto *m.* 직항 | extenso/a 매우 긴

브라질의 주요 교통수단

택시 Táxi

택시는 정부의 철저한 관리 덕에 대중교통 중 가장 안전한 교통수단으로 꼽히며, 요금도 저렴한 편이라 사람들이 가장 많이 이용합니다. 거리 곳곳에 있는 택시 정류장ponto de táxi에는 항상 택시가 있습니다. 콜택시도 일반 요금을 받으며, 이외 '우버'와 같은 콜택시 앱도 많이 사용합니다. 상파울루의 경우 주소 체계가 효율적이라서 주소만 있으면 택시로 어디든 찾아갈 수 있습니다. 도시마다 기본요금에 차이가 있으며, 일반 택시 색상이 다 다릅니다. 상파울루는 흰색, 리우는 노란색에 파란색 선, 뽀르뚜 알레그리는 빨간색, 꾸리찌바는 주황색이며, 다른 도시는 색이 정해져 있지 않고 불이 들어오는 'TÁXI' 표시등만 있으면 되는 곳도 많습니다.

시내 버스: 배차 간격이 짧고 요금이 저렴합니다. 버스 전용 차로가 있어 빠른 이동이 가능하지만 노선 안내가 제대로 이루어지지 않아 현지인들도 처음 가는 동네에서는 버스 사용을 피하는 편입니다. 각 버스마다 요금 징수원cobrador(a)이 있으며 카드, 현금 또는 토큰ficha으로 요금을 지불할 수 있습니다. 이동 거리와 상관없이 4헤알(약 천 삼백 원)의 요금을 지불합니다. 승차는 앞문으로, 하차는 뒷문으로 하며, 버튼을 누르거나 천장의 끈을 당기면 버스가 다음 정거장에서 정차합니다. 상파울루 같은 대도시는 버스 노선이 절대적으로 부족하며 환승도 불편합니다. 다른 교통수단에 비해 치안도 좋지 않은 편입니다.

버스 Ônibus

고속버스: 국토가 넓어 다른 주와 시로 이동할 때 많이 사용되는 교통수단입니다. 고속버스 시스템이 발달해 있으며, 버스 등급이 3~4개로 나뉩니다. 180도로 의자가 눕혀지는 침대 버스leito-cama의 경우 요금이 가장 비싸지만, 10시간 이상의 장거리 여행, 즉 저녁에 출발하여 다음날 아침에 도착하는 일정에 적합합니다.

지하철 metrô

대도시인 상파울루에만 지하철 시스템이 잘 갖춰져 있으며 치안이 안전해 주요 교통수단으로 꼽힙니다. 중요 지역마다 지하철역이 들어서 있고 환승역 또한 복잡하지 않게 잘 설계되어 있습니다. 1~5호선은 도시 중심지를 위주로 운행하고 7~12호선은 시내 주변이나 외곽을 연결해 줍니다. 요금은 이동 거리나 환승 여부와는 상관없이 4헤알(약 천 삼백 원)입니다. 대부분의 노선은 새벽 4시 40분에서 저녁 12시까지 운행하며, 토요일에는 새벽 1시까지 운행 시간을 연장합니다.

Vou viajar pela Europa.

- 직설법 미래

- 미래 시제를 대신하는 Ir + 동사 원형

- 제안하기: Vamos + 동사 원형?

- 전치사: a/para, de, em, por

Vai chover à tarde?
오후에 비 올까요?

Não choverá hoje.
오늘은 비 안 올 거예요.

● 직설법 미래

미래 시제는 미래에 일어날 일, 계획 또는 의도를 표현합니다. 규칙 동사나 불규칙 동사 모두 동사 원형에 미래 시제 어미를 붙여 줍니다. 다만, Fazer(하다), Trazer(가져오다), Dizer(말하다) 등 -zer로 끝나는 불규칙 동사는 -zer을 제거한 후 아래 어미를 붙여 줍니다.

	규칙·불규칙 동사		-zer로 끝나는 불규칙 동사 (Fazer, Trazer, Dizer)
eu	동사 원형	+ ei	-rei
você, ele, ela		+ á	-rá
nós		+ emos	-remos
vocês, eles, elas		+ ão	-rão

Eu me **esforçarei** mais no ano que vem. 나는 내년에 더욱 노력할 것이다.

Não **choverá** hoje. 오늘은 비가 오지 않을 것이다.

O navio **partirá** amanhã. 배는 내일 떠날 것이다.

Farei de tudo para ganhar. 나는 이기기 위해 뭐든 할 것이다.

● 미래 시제를 대신하는 Ir + 동사 원형

Ir + 동사 원형   ~할 것이다

'Ir + 동사 원형' 구문은 가까운 미래, 계획 또는 의도를 나타냅니다. 브라질에서는 구어체에서 미래 시제보다 많이 사용됩니다.

Vou ir ao cinema às 9. 저는 9시에 영화관에 갈 겁니다.

Não **vamos fazer** compras hoje. 오늘 저희는 쇼핑을 하지 않을 거예요.

Vai chover amanhã. 내일 비가 올 거예요.

Vamos tomar café?
커피 마실까요?

Vamos!
그럽시다!

● 제안하기: Vamos + 동사 원형?

Ir 동사의 1인칭 복수형인 vamos는 동사 원형과 함께 쓰일 때 '우리 ~할래?'(제안) 또는 '우리 ~하자!'(권유)
의 의미로 사용됩니다.

Vamos + 동사 원형 ~? ~할래요?, ~할까?

Vamos estudar juntos hoje à noite? 오늘 저녁에 같이 공부할래?

Vamos tomar café? 커피 마실까요?

Vamos! 그럽시다! 갑시다!

● 전치사: a/para, de, em, por

포르투갈어에서 전치사는 매우 다양하게 사용됩니다. 각 전치사별로 자주 사용되는 용법을 정리해서 공부할
필요가 있습니다.

추가 문법 p. 227 참조

a para	시간 목적지	A aula começa **às** 9:00. 수업은 9시에 시작합니다. Vou **para** o escritório. 나는 사무실로 갑니다.
de	교통수단 소유 재료, 원산지 ~의	Eu vou para casa **de** metrô. 나는 지하철을 타고 집에 갑니다. O celular é **da** Gina. 그 핸드폰은 진아 것입니다. O copo é **de** vidro. 그 컵은 유리컵입니다. Ela é professora **de** português. 그녀는 포르투갈어 선생님입니다.
em	장소, 위치 계절, 월 일, 날짜	Estou **em** São Paulo. 나는 상파울루에 있습니다. Ele vai ao Brasil **em** janeiro. 그는 1월에 브라질로 갑니다. Ela não trabalha **nas** segundas. 그녀는 월요일에 일하지 않습니다.
por	~을/를 위하여 ~을/를 통해	Farei de tudo **por** você. 나는 당신을 위해 뭐든지 할 것입니다. Tem que passar **pelo** túnel. 터널을 지나가야 합니다.

> O que você vai fazer durante as férias?

> Vou viajar.

Daniel	O que você vai fazer durante as férias?
Gina	Vou viajar.
Daniel	Para onde você vai?
Gina	Vou mochilar pela Europa por 2 meses.
Daniel	Que inveja!
Gina	Não vejo a hora de partir. E você? Quais são os seus planos para o verão?
Daniel	Não tenho planos ainda, mas acho que vou ficar aqui na cidade.

다니엘	방학 동안 뭐 할 거야?
진아	여행할 거야.
다니엘	어디로 가?
진아	2달 동안 유럽 배낭여행할 거야.
다니엘	부럽다!
진아	빨리 떠나고 싶어. 너는? 여름 계획이 어떻게 돼?
다니엘	아직 계획은 없는데 여기 남을 것 같아.

대화 TIP

- 'não vejo a hora de + 동사 원형'은 '~할 시간이 기다려진다', '빨리 ~하고 싶다'는 표현입니다.

  Não vejo a hora de te encontrar. 빨리 너를 만나고 싶어.
  Não vejo a hora de ler este livro. 빨리 이 책을 읽고 싶어.

- ficar na cidade는 '도시에 남다', 즉 '여행을 가지 않을 것이다'라는 표현으로 쓰일 수 있는 반면, sair do país는 '이 나라를 떠나다'를 의미하며 '해외여행하다'라는 뜻의 viajar ao exterior와 같은 의미로도 사용되는 표현입니다. 또, 'ficar em + (도시/주/나라)' 형태로 '(도시/주/나라)에 머물다'라는 표현도 많이 쓰입니다.

  Eu nunca **saí do país**. 나는 한 번도 해외로 나간 적이 없다.
  Vou **ficar na cidade** mais alguns dias. 나는 이 도시에 며칠 더 머무를 것이다.

새 단어 및 표현

durante ~동안
férias *f.* 방학
viajar 여행하다
mochilar 배낭여행하다
Que inveja! 부럽다!
plano *m.* 계획
Não tenho planos.
계획이 없다.
ficar 머물다, 남아 있다

146

O que você vai fazer neste fim de semana?

Não sei ainda.

Daniel	O que você vai fazer neste fim de semana?
Camila	Não sei ainda. Talvez vou sair com meus amigos.
Daniel	Que tal a gente viajar para o interior?
Camila	Boa ideia! Meu tio tem um sítio no interior. Que dia você prefere?
Daniel	Pode ser no sábado de manhã?
Camila	De manhã eu não posso. Eu vou fazer as unhas. Fica bom para você às 3 horas da tarde?
Daniel	Está ótimo.
Camila	Então está combinado!

다니엘	이번 주말에 뭐 할 거야?
까밀라	아직 모르겠어. 친구들이랑 놀러 나갈 수도 있고.
다니엘	시외로 여행 가는 게 어때?
까밀라	좋은 생각이야! 내 삼촌이 시외에 별장이 있거든. 어떤 날이 좋아?
다니엘	토요일 오전에 괜찮아?
까밀라	오전엔 안 돼. 손톱 정리할 거야. 오후 3시 괜찮아?
다니엘	좋아.
까밀라	그러면 약속된 거다!

대화 TIP

- **Sair**(나가다) 동사는 '약속, 모임에 나가다'의 의미도 있습니다.

  sair com amigos 친구들과 놀러 나가다

  sair para beber 술 마시러 나가다

- **Que tal ~?**은 '~어때?', '~하는 게 어때?'라는 제안 표현으로 뒤에 명사나 접속법 인칭 부정사를 수반할 수 있습니다. 접속법 인칭 부정사는 많은 경우 동사 원형과 같은 형태를 가지기 때문에 동사 원형으로 대체해서 사용해도 됩니다.

  Que tal esta camisa? 이 셔츠 어때?

  Que tal pegar táxi? 택시 잡는 게 어때?

새 단어 및 표현

Não sei ainda. 아직 모르겠어.

interior *m.* 시외

sítio *m.* 별장

Pode ser no sábado?
토요일 괜찮아?

fazer as unhas
손톱 정리하다, 네일 케어를 받다

Fica bom para você ~?
~ 괜찮아?

Está combinado. 약속된 거다.

여행 관련

turista
m.f. 관광객

guia
m.f. 가이드, 안내원

bilhete *m.* 표
passagem *f.* 승차권
ingresso *m.* 입장권
entrada *f.* 입장권

turismo *m.* 관광
viagem *f.* 여행

agência de turismo
f. 여행사

mochilão
m. 배낭여행

viagem em grupo
f. 단체 여행

pacote de viagem
m. 패키지 여행

informação turística
f. 관광 안내소

mapa
m. 지도

folheto
m. 팜플렛

lembrança, lembrancinha
f. 기념품

seguro de viagem
m. 여행 보험

itinerário
m. 여행 일정

alta temporada *f.* 성수기
baixa temporada *f.* 비수기

ida *f.* 편도
ida e volta *f.* 왕복

약속 잡기·변경하기

Você está livre amanhã?

Amanhã eu estou ocupado.

A　내일 시간 돼?
B　내일은 바빠.

A의 기타 표현

Você está livre no domingo?
일요일에 시간 돼?

Você está livre no mês que vem?
다음 달에 시간 돼?

Você está livre na próxima sexta-feira?
다음 주 금요일에 시간 돼?

Vamos nos encontrar depois da aula.

Tá bom. A gente se encontra em frente da biblioteca às 2 horas.

A　수업 끝나고 만나자.
B　그래 좋아. 두 시에 도서관 앞에서 만나자.

▶ encontrar-se 서로 만나다

Podemos marcar para outro dia?

Claro que sim. Que houve?

A　우리 약속 다른 날로 바꿀 수 있을까?
B　당연히 되지. 무슨 일이야?

▶ marcar 표시하다, 날짜를 정하다

문법

1 다음 문장을 **보기**와 같이 미래형으로 바꾸세요.

> **보기**
>
> Eu *almoço* com meus colegas.
>
> → Eu *almoçarei / vou almoçar* com meus colegas.

(1) Eu *trabalho* amanhã.   → _____

(2) Meus pais *viajam* à tarde. → _____

(3) Nós *fazemos* lição de casa juntos.

   → _____

(4) Meu filho *dorme* cedo. → _____

2 다음 일정을 보고 질문에 완전한 문장으로 답하세요.

segunda-feira	terça-feira	quarta-feira	quinta-feira	sexta-feira	sábado
	fazer compras		*feriado nacional - não tem aula*	*19:00 futebol Corinthians x Palmeiras*	*filme às 17:00 com a Camila* domingo

(1) Vai ter aula de português na quinta-feira?

   → _____

(2) O que o Daniel vai fazer no sábado? → _____

(3) A que horas vai começar o filme? → _____

★ feriado nacional *m.* 국가 공휴일

3 다음 문장에 적합한 전치사를 고르세요.

(1) Eu vou (na / à) festa de aniversário.

(2) Eu vou (na / para a) escola (a / de) pé (a / para) estudar.

(3) Eles vão (à / na) Europa (de / por) avião.

(4) As meninas vão viajar (na / à) próxima sexta-feira.

듣기 ● 녹음을 듣고 질문에 답하세요.

071

(1) 다음 중 진아와 다니엘이 수업을 마치고 하기로 한 것을 고르세요.

① 함께 점심 식사를 한다. ② 함께 저녁 식사를 한다.

③ 함께 공부를 한다. ④ 함께 술을 마신다.

(2) 다음 중 진아와 다니엘이 오늘 수업 후 아드리아나 선생님에게 할 제안으로 적절한 것을 모두 고르세요.

① Que tal sair para beber?

② O que você quer fazer?

③ Vamos sair para tomar cerveja?

④ Vamos tomar café?

읽기 ● 다음 글을 읽고 질문에 답하세요.

 Durante as férias, ⓐ viajo pela Europa. Tenho uma tia que mora em Paris. Eu ⓑ fico na casa dela por 2 semanas e depois ⓒ visito outras cidades como Londres, Barcelona e Lisboa. Eu vou para 5 países no total. ⓓ Não vejo a hora de partir!

(1) 위 글에서 ⓐ, ⓑ, ⓒ의 동사 시제를 문맥에 맞게 고치세요.

ⓐ _____ ⓑ _____ ⓒ _____

(2) 위 글의 내용과 일치하는 것을 모두 고르세요.

① 파리에 사는 친척이 있다.

② 총 4 국가를 방문할 예정이다.

③ 방학 동안 유럽에 갈 예정이다.

④ 2주간 런던, 바르셀로나와 리스본을 여행할 것이다.

(3) ⓓ의 뜻으로 알맞은 것을 고르세요.

① Quero partir logo! ② Quero voltar agora!

③ Não quero voltar! ④ Não quero partir ainda!

★ no total 총 합하여

브라질의 대표 관광지

리우데자네이루 Rio de Janeiro
브라질하면 빼놓을 수 없는 관광 도시 리우데자네이루에는 예수상Corcovado, 빠웅 지 아쑤까르Pão de açúcar, 코파카바나Copacabana 해변 등 세계적으로 유명한 명소가 즐비해 있습니다.

이과수 폭포 Foz de Iguaçu
세계에서 가장 경이로운 폭포로 손꼽히는 이과수 폭포는 브라질 파라나주에 있습니다. 브라질, 아르헨티나와 파라과이 국경 지대에 있어 관광 명소가 많은 곳으로 꼽힙니다.

바이아주 살바도르 Salvador, Bahia
브라질의 전통과 역사를 보고 싶다면 꼭 들러야 할 항구 도시입니다. 브라질이 포르투갈 식민지였던 시절 첫번째 수도였던 도시입니다.

렌쏘이스 마랑녱세스 Lençóis Maranhenses
마랑냐주에 위치한 국립 공원입니다. 마치 렌쏘이스lençóis(침대보)를 펼쳐 놓은 듯 주름진 모양이라고 해서 붙여진 지명입니다. 끝없이 펼쳐진 하얀 모래 사막과 수천 개의 천연 샘들의 지형이 매일 바뀝니다. 샘에서 수영이나 낚시를 즐길 수도 있으며, 한번 보면 평생 잊지 못할 광경을 선사합니다.

O que você fez ontem?

동영상 강의

- 직설법 완전 과거
- 부정어 II
- 상태의 변화를 표현하는 Ficar 동사

Você já almoçou?
너 이미 점심 식사했어?

Não almocei ainda.
아직 안 했어.

● 직설법 완전 과거

직설법 완전 과거 시제는 과거의 종결된 행위, 사건 등을 표현합니다. 주로 ontem(어제), ano passado (작년), semana passada(지난주) 등의 시간 표현과 함께 사용됩니다.

규칙 동사

	-ar 동사: Falar	-er 동사: Beber	-ir 동사: Partir
eu	falei	bebi	parti
você, ele, ela	falou	bebeu	partiu
nós	falamos	bebemos	partimos
vocês, eles, elas	falaram	beberam	partiram

Nós **assistimos** a um filme de animação. 우리는 애니메이션 영화를 봤어요.
Eu **gostei**, mas ela não **gostou**. 저는 좋았는데 그녀는 마음에 안 들어했어요.

불규칙 동사

	Ser, Ir	Fazer	Dizer
eu	fui	fiz	disse
você, ele, ela	foi	fez	disse
nós	fomos	fizemos	dissemos
vocês, eles, elas	foram	fizeram	disseram

동사 변화 p. 232 참조

A Você **fez** a lição de casa? 너 숙제했니?
B Ainda não **fiz**. 아직 안 했어.

A Aonde você **foi** ontem? 어제 어디 갔어?
B **Fui** ao parque. 공원에 갔었어.

주의
불규칙 동사 Ser, Ir는 직설법 완전 과거형
동사 변화 형태가 동일합니다.

O que você quer comer?
너 뭐 먹고 싶어?

Qualquer coisa.
아무거나.

● 부정어 II

부정 대명사는 불변하며 단독으로 쓰입니다. 부정 형용사는 수식하는 명사의 성과 수에 일치합니다.

부정 대명사

tudo 모두, 모든 것

Tudo é possível. 모든 것이 가능하다.

부정 형용사

todo, toda, todos, todas 모든
outro, outra, outros, outras 다른
vário, vária, vários, várias 여러, 다양한
qualquer, quaisquer 어떤, 아무런
cada 각각, 각자

> **참고**
> cada는 항상 단수 명사를 수식하며
> 형태는 변하지 않습니다.
> cada pessoa (O)
> cada pessoas (X)
> 다만 'cada + 숫자 + 복수 명사'는
> 가능하며 '~마다'를 의미합니다.
> cada 5 dias 5일마다
> cada 10 pessoas 10명마다

Sei o nome de **todos** os alunos. 나는 모든 학생의 이름을 안다.

Vou perguntar para **outra** pessoa. 다른 사람한테 물어볼게.

Tenho **vários** livros desse autor. 나는 그 저자의 책을 여러 권 갖고 있다.

Qualquer um pode cantar no palco. 아무나 무대에서 노래 부를 수 있다.

● 상태의 변화를 표현하는 Ficar 동사

Ficar 동사는 '머물다', '위치하다' 외에도 '~이/가 되다'의 의미로 상태의 변화를 나타낼 때 쓸 수 있습니다.
Ficar 동사가 현재형으로 사용되면 '(상태가) ~되다'를 의미하고, 과거형으로 쓰일 경우 '(상태가) ~되었다'
를 의미합니다.

현재 Eu **fico** triste quando ouço essa música. 나는 그 노래를 들을 때 슬퍼진다.
　　　　A atriz **fica** nervosa no palco. 그 여배우는 무대에서 긴장한다.

과거 Ele **ficou** feliz com a notícia. 그는 소식을 듣고 행복해졌다.
　　　　Eu **fiquei** com fome. 나는 배고파졌다.

O que você fez ontem?

Fui à feira.

Daniel	O que você fez ontem?
Gina	Fui à feira pela primeira vez. Fiquei sabendo que há uma feira perto da estação.
Daniel	O que achou?
Gina	Achei tudo muito legal! Fiquei o dia todo na feira e gastei todo o dinheiro que levei.
Daniel	Foi um dia bem gasto, hein?
Gina	Com certeza!

다니엘	어제 뭐 했어?
진아	처음으로 시장에 갔어. 역 근처에 시장이 있다는 걸 알게 됐거든.
다니엘	어땠어?
진아	다 너무 좋았어! 하루 종일 시장에 있느라 가져간 돈 다 썼어.
다니엘	잘 보낸 하루였네?
진아	물론이지!

대화 TIP

- 'ficar sabendo de + 명사/que + 문장'은 '~을/를 알게 되다'라는 의미로 모르던 정보에 대해 알게 됐을 때 사용하는 표현입니다.

  Ela **ficou sabendo do** seu segredo. 그녀가 너의 비밀을 알게 됐어.
  Eu **fiquei sabendo que** você trabalha aqui. 네가 여기서 일하는 걸 알게 됐어.

- todo dia와 todos os dias는 '매일'을 지칭하는 단어입니다. **todo o dia**와 **o dia todo**, 그리고 **o dia inteiro**는 '하루 종일'을 지칭하는 단어입니다. 얼핏 보면 유사하지만 의미가 다르니 사용에 유의해야 합니다.

  Eu corro no parque **todo dia**. 나는 매일 공원에서 뜁니다.
  Eu estudo **o dia inteiro**. 나는 하루 종일 공부합니다.

새 단어 및 표현

feira f. 시장
pela primeira vez 처음으로
o dia todo 하루 종일
gastar (물건, 돈 등을) 쓰다
bem gasto
잘 쓴 (돈/시간), 아깝지 않은
Com certeza! 물론이지!

Perdi a minha carteira.

Tem ideia de onde você perdeu?

Daniel	Perdi a minha carteira.
Adriana	Puxa! Tem ideia de onde você perdeu?
Daniel	Não faço ideia. De manhã fui ao banco. Depois fui fazer compras no supermercado. Depois disso fui à biblioteca.
Adriana	Já voltou para procurar na biblioteca?
Daniel	Acabei de ir lá, mas não achei.
Adriana	Que tal ir aos Achados e Perdidos?
Daniel	Boa ideia. Vou passar por lá assim que terminar a aula.

다니엘	지갑을 잃어버렸어요.
아드리아나	저런! 어디서 잃어버렸는지 알아요?
다니엘	전혀 모르겠어요. 아침엔 은행에 갔어요. 그 후에 장 보러 슈퍼마켓에 갔어요. 그리고는 도서관에 갔어요.
아드리아나	도서관에 다시 찾아보러 갔었어요?
다니엘	방금 막 갔었는데 못 찾았어요.
아드리아나	분실물 센터에 가 보는 게 어때요?
다니엘	좋은 생각이네요. 수업 끝나자마자 들러야겠어요.

대화 TIP

- **Procurar** 동사는 '찾아보다'(과정)를 의미하며 **Achar** 동사는 '찾다'(결과)를 의미합니다.

  A Você já **procurou**? 찾아봤어? (과정)

  B Sim, mas não **achei**. 응, 근데 못 찾았어. (결과)

- **assim que** ~는 '~하자마자'라는 의미입니다. 뒤에 절이나 문장을 수반합니다.

  Vou para casa **assim que** sair do trabalho. 저는 퇴근하자마자 집에 갑니다.

새 단어 및 표현

perder 잃어버리다
Ter ideia de ~ ~에 대해 알고 있다
Não faço ideia. 전혀 모르겠어.
Acabei de ir lá. 방금 막 거기 갔었어.
Achados e Perdidos 분실물 센터

도시 건물

① **aeroporto** *m.* 공항

② **Correios** *m.* 우체국

③ **banco** *m.* 은행

④ **hospital** *m.* 병원

⑤ **hotel** *m.* 호텔

⑥ **livraria** *f.* 서점

⑦ **farmácia** *f.* 약국

⑧ **posto de gasolina** *m.* 주유소

⑨ **restaurante** *m.* 레스토랑, 식당

⑩ **padaria** *f.* 빵집

⑪ **supermercado** *m.* 슈퍼마켓

⑫ **parque** *m.* 공원

⑬ **igreja** *f.* 교회, 성당

⑭ **biblioteca** *f.* 도서관

⑮ **estacionamento** *m.*, **garagem** *f.* 주차장

⑯ **escola** *f.* 학교

⑰ **shopping center** *m.* 백화점, 쇼핑몰

기타 장소명

escritório	**loja**	**casa**	**prédio**	**praça**	**feira**
m. 사무실	*f.* 가게, 상점	*f.* 집	*m.* 건물	*f.* 광장	*f.* 시장

동의 표현

Você acha que esse é melhor?

Acho que sim.

A 당신은 이게 나은 것 같나요?
B 그런 것 같아요.

B의 기타 표현

Concordo. 동의합니다.
Você tem razão. 일리가 있네요.

Você acha que esse é melhor?

Acho que não.

A 당신은 이게 나은 것 같나요?
B 아닌 것 같아요.
   (= 그렇지 않은 것 같아요.)

B의 기타 표현

Não concordo. 동의하지 않습니다.

O que você acha?

Para mim tanto faz.

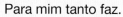

A 어떻게 생각해요?
B 난 어떤 거든 상관없어요.

B의 기타 표현

Sei lá. 알 게 뭐예요.

Tem certeza?

Não tenho certeza.

A 확실해요?
B 확신 없어요.

B의 기타 표현

Não sei. 몰라요.
Não sei direito. 잘 몰라요.
Eu tenho certeza. 확신합니다.

문법

1　주어진 동사를 완전 과거 시제로 활용하여 문장을 완성하세요.

　(1)　Eu _____ (ir) à feira ontem.

　(2)　_____ (chover) de manhã.

　(3)　Ele _____ (dizer) que _____ (gostar) do filme.

　(4)　Nós nos _____ (encontrar) semana passada.

2　빈칸에 알맞은 부정어를 넣어 대화를 완성하세요.

outra	qualquer	várias	cada

A　O que você quer comer?

B　(1) _____ coisa. Para mim tanto faz.

A　Que tal sushi?

B　Não gosto de sushi. Quero comer (2) _____ coisa.

A　Então, vamos ao por quilo. Tem (3) _____ comidas lá.

B　Boa ideia. (4) _____ um pode escolher o que quer.

★ por quilo 무게에 따라 음식값을 지불하는 식당

3　Ficar 동사를 이용하여 문장을 완성하세요.

　(1)　Ela chorou, mas não está mais chorando. Ela _____ melhor.

　(2)　Nosso gato sumiu. Nós _____ preocupados.

　(3)　Nosso gato voltou sem se machucar. Nós _____ felizes.

　(4)　Eu disse que não vou comer nada, mas _____ com fome.

★ chorar 울다 ｜ sumir 사라지다 ｜ machucar-se 다치다

● 녹음을 듣고 진아가 한 일을 순서대로 나열하세요.

①  ②  ③  ④

076

(   ) → (   ) → (   ) → (   )

읽기

● 다음 다니엘의 일기를 읽고 질문에 답하세요.

> Querido diário,
>
> Hoje eu perdi a minha carteira e fiquei muito aborrecido. Eu fui ao banco,
>
> ao supermercado e à biblioteca para ⓐ procurar, mas não ⓑ achei.
>
> A professora Adriana disse para ⓒ procurar nos Achados e Perdidos.
>
> Então eu fui lá assim que terminou a aula.
>
> E eu ⓓ procurei a minha carteira! Que sorte minha!

(1) 문맥상 잘못 쓰인 동사와 그것을 대체할 것으로 바르게 짝 지은 것을 고르세요.

① ⓐ – achar   ② ⓑ – procurei

③ ⓒ – achar   ④ ⓓ – achei

(2) 위 일기의 내용과 일치하지 않는 것을 고르세요.

① 지갑을 되찾았다.

② 지갑을 잃어버렸다.

③ 분실물 센터에도 지갑이 없었다.

④ 은행, 슈퍼마켓, 도서관에 다시 가 봤다.

★ querido/a 소중한 ~아/에게 (누군가를 애정을 담아 부를 때 혹은 편지나 이메일 첫 부분에 쓰이는 말) | diário *m.* 일기장 | aborrecido/a 불쾌한, 속상한

상파울루의 한인타운, 봉헤찌루(Bom Retiro)

봉헤찌루Bom Retiro는 '좋은 안식처'라는 뜻을 갖고 있습니다. 현재 상파울루의 한인타운으로 알려져 있으며 무엇보다 패션의 중심지로 유명합니다. 의류 가게뿐 아니라 원단, 자재 등 패션 관련 모든 것을 찾을 수 있는 곳입니다.

▲ 조제 빠울리노 길, 봉헤찌루
R. José Paulino, Bom Retiro

한인 대부분이 이곳에서 의류 매장을 운영하는데 공장을 가지고 있을 만큼 규모가 큰 곳도 많습니다. 대부분 도매로 장사를 하지만 동시에 소매를 취급하는 곳도 있습니다. 유행을 가장 빨리 반영하며 싸고 좋은 옷을 구매할 수 있어 도매업자뿐 아니라 일반 소비자에게도 널리 알려져 있습니다. 여성 패션이 주를 이루고 있지만 속옷, 남성복, 웨딩드레스, 큰 사이즈의 옷 등 다른 곳에서 쉽게 구할 수 없는 옷을 취급하는 가게도 많이 있습니다.

가장 유명한 거리로는 R. José Paulino, R. Aimorés, R. Cesare Lombroso 등이 있습니다. 가게의 주인은 대부분 한국인이며, 브라질 사람을 고용하여 가게를 관리하는 곳도 많습니다. 각 거리 및 골목마다 수십 개의 옷 가게가 즐비해 있어 평일에도 도매업자들로 거리가 붐빕니다. 브라질 전 지역뿐 아니라 파라과이, 아르헨티나 등 인근 국가의 의류 상인들이 옷을 사러 봉헤찌루에 주기적으로 들릅니다. 대량으로 구매한 옷은 다시 각 지역으로 흩어져 옷 가게 및 백화점에 입점하여 판매됩니다.

▲ 브라스 Brás

현재 봉헤찌루와 더불어 브라스Brás 인근을 중심으로 5만여 명의 한인이 상파울루에 거주하고 있습니다. 한국인이 많이 사는 만큼 한국 슈퍼, 식당, 미용실, 교회, 병원 등이 몰려 있습니다. 봉헤찌루가 패션의 거리로 크게 성공하면서 현금을 노린 강도들이 늘어나며, 근래에는 상파울루에서 치안이 가장 안 좋은 동네 중 하나로 여겨지고 있습니다.

Estava dormindo.

동영상 강의

- 직설법 불완전 과거
- 불완전 과거 용법
- 완전 과거 vs. 불완전 과거

O que a senhora fazia antes?
예전에 뭐 하셨어요?

Eu trabalhava numa confeitaria.
과자점에서 일했었어.

● 직설법 불완전 과거

직설법 불완전 과거는 과거 어느 정도 지속된 행위를 표현하거나 사건 또는 과거의 사물, 사람 등의 묘사를 하는 데 사용됩니다. 현재는 아니라는 뉘앙스를 내포하고 있습니다.

규칙 동사

	-ar 동사: Falar	-er 동사: Beber	-ir 동사: Partir
eu	fal**ava**	beb**ia**	part**ia**
você, ele, ela	fal**ava**	beb**ia**	part**ia**
nós	fal**á**vamos	beb**í**amos	part**í**amos
vocês, eles, elas	fal**avam**	beb**iam**	part**iam**

불규칙 동사

	Ser	Estar	Ir
eu	**era**	estava	ia
você, ele, ela	**era**	estava	ia
nós	**éramos**	estávamos	íamos
vocês, eles, elas	**eram**	estavam	iam

● 불완전 과거 용법

과거 습관	과거 습관이나 반복된 행동	Eu **fumava** muito. 나는 담배를 많이 피웠다.
과거 묘사	과거 시점의 사람, 사물, 장소 등 묘사	Ela **era** muito paciente. 그녀는 인내심이 많았었다.
과거 설명	과거 시점에 어느 정도 지속된 사건, 행위, 이유, 상황 등 설명	Eu **estava** em casa. 나는 집에 있었다.
과거 진행	과거 시점에서 진행 중에 있는 행동이나 상태	Ele **estava** dirigindo. 그는 운전 중이었다.
완곡 어법	주로 Querer 동사의 불완전 과거형인 queria 사용	**Queria** falar com o Senhor Pereira. 페레이라 씨와 얘기하고 싶습니다.
과거 의도	과거 시점에 하려고 했던 행동	Eu **ia** limpar a casa. 나는 집을 치우려고 했었다.

동사 변화 p. 232 참조

O que você estava fazendo quando te liguei ontem?
내가 어제 전화했을 때 뭐 하고 있었어?

Eu estava dormindo.
자고 있었어.

● 완전 과거 vs. 불완전 과거

완전 과거	불완전 과거
함께 쓰는 시간 표현	함께 쓰는 시간 표현
ontem 어제 em março 3월에 em 2017 2017년에 ano passado 작년에 mês passado 지난달에 semana passada 지난주에	normalmente 평소에 todos os dias 매일 antes, antigamente 예전에 quando era~ ~였을 때
과거 산발적으로 일어난 행위	과거 습관적으로 일어난 행위
Joguei golfe com o Tiago no domingo. 나는 일요일에 찌아고와 골프를 쳤다. Ele **mentiu** para mim. 그는 나에게 거짓말을 했다. Eu **bebi** 3 garrafas de cerveja. 나는 맥주 3병을 마셨다.	**Jogava** golfe com o Tiago nos domingos. 나는 일요일마다 찌아고와 골프를 치곤 했다. Ele **mentia** para mim. 그는 나에게 거짓말을 하곤 했다. Eu **bebia** 3 garrafas de cerveja. 나는 맥주 3병을 마시곤 했다.
과거 종결된 행위나 사건	과거 진행 중이었던 상황, 행위
Eu **corri** no parque e **bebi** suco de laranja. 나는 공원을 뛰고 오렌지 주스를 마셨다.	Eu **estava correndo** quando **bebi** suco de laranja. 나는 공원을 뛰는 중 오렌지 주스를 마셨다.

또한, 완전 과거는 과거 일어난 일을 말할 때 사용하며 불완전 과거는 과거에 대한 생생한 묘사를 할 때 사용합니다.

사건   Eu **encontrei** meu ex-namorado na rua. 길에서 전 남자 친구를 만났어요.

묘사   Ele **estava usando** um paletó preto, uma gravata azul e um anel de noivado!
그는 검은 자켓과 파란 타이 차림에 약혼 반지를 끼고 있었습니다!

사건   **Fui** à praia ontem. 어제 해변에 갔습니다.

묘사   **Estava fazendo** sol e **ventando** um pouco. **Tinha** muita gente surfando.
햇빛이 쨍쨍했고 바람이 조금 불었어요. 서핑 중인 사람이 무척 많았어요.

Como você era antigamente?

Eu era bem tímida.

Daniel	Como você era antigamente? De repente fiquei curioso.
Camila	Na época da adolescência, eu era bem tímida.
Daniel	Você? Não dá nem para imaginar.
Camila	Mas é verdade. Era uma vida muito monótona. Acordava, ia para escola, voltava e dormia.
Daniel	Você era uma pessoa totalmente diferente de agora, hein?
Camila	Pois é. E você, como você era na adolescência?
Daniel	Sempre fui extrovertido e brincalhão.

다니엘	예전에 넌 어땠어? 갑자기 궁금해졌어.
까밀라	사춘기 때 난 매우 내성적이었어.
다니엘	네가? 상상조차 안가네.
까밀라	하지만 진짜야. 굉장히 단조로운 삶이었어. 일어나서 학교 갔다가 돌아와서 자곤 했지.
다니엘	지금이랑 완전 다른 사람이었네. 그치?
까밀라	맞아. 너는 어렸을 때 어땠어?
다니엘	난 항상 외향적이고 장난기가 많았어.

대화 TIP

- 'dar para + 동사 원형'은 '~할 수 있다', '가능하다' 의미입니다. 반대의 의미로 'não dar para + 동사 원형' 구문을 사용할 수 있습니다.
  Dá para terminar até amanhã? 내일까지 끝낼 수 있어요?
  Acho que **não vai dar**. 안 될 것 같습니다.

- hein은 남의 동의나 답변을 바라며 의문 끝에 붙이거나 긍정의 의미로 사용되는 감탄사입니다.

새 단어 및 표현

de repente 갑자기
curioso/a 궁금한
bem 매우, 아주, 잘
tímido/a 내성적인
na época da adolescência
사춘기 시절에
verdade *f.* 사실
vida *f.* 삶
monótono/a 단조로운
totalmente 완전히
brincalhão/brincalhona
장난기 많은

Como foi a sua folga?

Foi ótima!

Adriana	Como foi a sua folga?
Tiago	Foi ótima! Fui surfar com meus amigos.
Adriana	Para onde vocês foram?
Tiago	Fomos para Vitória.
Adriana	Como estava o tempo?
Tiago	Estava ventando um pouco, mas a praia era uma maravilha.
Adriana	Tirou foto da praia?
Tiago	Tirei. Quer ver?
Adriana	Que foto linda!
Tiago	Né? Nós não queríamos voltar.

아드리아나 휴가 어땠어?
찌아고 최고였어! 친구들이랑 서핑하러 갔어.
아드리아나 어디로 갔어?
찌아고 빅토리아로 갔어.
아드리아나 날씨는 어땠어?
찌아고 바람이 조금 불었었는데 바닷가는 정말 예뻤어.
아드리아나 바닷가 사진 찍었어?
찌아고 찍었어. 볼래?
아드리아나 사진 정말 멋있다!
찌아고 그치? 돌아오기 싫었다니까.

새 단어 및 표현

Como foi a sua folga?
네 휴가는 어땠어?
folga *f.* 1일 휴가, 연차
Foi ótima! 최고였어!
surfar 서핑하다
Como estava o tempo?
날씨가 어땠어?
praia *f.* 해변가
maravilha *f.* 경이로움
tirar foto 사진을 찍다
Não queríamos ~.
(우리는) ~하기 싫었다.

대화 TIP

Tirar(치우다, 빼다)동사는 다음과 같은 표현에도 사용됩니다.

tirar folga 휴가를 내다
tirar foto/selfie 사진/셀카를 찍다
tirar carteira de motorista/estudante 운전면허증/학생증을 취득하다

다양한 형용사

caro/a
비싼

barato/a
저렴한

grande
큰

pequeno/a
작은

longo/a
긴

curto/a
짧은

rico/a
부유한

pobre
가난한

perto
가까운

longe
먼

muito/a
많은

pouco/a
적은

fácil
쉬운

difícil
어려운

quente
뜨거운

gelado/a
차가운

rápido/a
빠른

devagar, lento/a
느린

pesado/a
무거운

leve
가벼운

모르는 단어나 뜻을 물어볼 때

A 'devagar' 뜻이 뭐야?
B 인터넷에 찾아보자.

B의 기타 표현

Vamos procurar no dicionário.
사전에 찾아보자.

A 'selfie'를 포르투갈어로 뭐라고 해?
B 포르투갈어로도 같아.

A 내가 한 말 알아들었어?
B 이해 못 했어요. 너무 어려워요.

B의 기타 표현

Entendi. 이해했어.

문법

1 불완전 과거형을 넣어 문장을 완성한 후 해석하세요.

(1) Na minha infância, eu _____ (morar) em Berlin.

해석: _____

(2) Sempre _____ (ter/haver) trânsito nos domingos.

해석: _____

(3) Antigamente nós _____ (jogar) futebol juntos.

해석: _____

(4) Os funcionários _____ (trabalhar) até tarde.

해석: _____

2 완전 과거와 불완전 과거 중 적합한 시제를 고르세요.

(1) Ontem eu não (fui / ia) ao trabalho. Eu (peguei / pegava) gripe.

(2) Quando (fui / era) jovem, eu (fui / ia) ao cinema todos os fins de semana.

(3) O que você (fez / estava fazendo) quando nós te (chamamos / chamávamos) ontem?

★ pegar gripe 감기에 걸리다

3 완전 과거와 불완전 과거 중 적합한 시제로 빈칸을 채워 대화를 완성하세요.

Gina	Quando você (1) _____ (conhecer) a Camila?
Daniel	(2) _____ (conhecer) ela quando (3) _____ (morar) na Alemanha.
Gina	O que ela (4) _____ (estar) fazendo na Alemanha?
Daniel	Ela (5) _____ (estar) trabalhado.
Gina	E você, o que você (6) _____ (fazer)?
Daniel	Eu (7) _____ (ser) estudante universitário.

★ estudante universitário/a 대학생

듣기 ● 녹음을 듣고 다음 문장을 완성하세요.

(1) A Gina foi ao hospital porque _____

(2) O Daniel e a Camila foram ao parque porque _____

(3) O Seu Zé não atendeu o celular porque _____

읽기 ● 다음 대화를 읽고 질문에 답하세요.

Dona Inês   Socorro! Ladrão!

Polícia   A senhora viu o ladrão? Como ele era?

Dona Inês   Sim, eu vi o moço que levou a minha bolsa. Ele era alto, estava vestindo jaqueta de couro preta e fugiu de moto!

(1) 위 대화에서 묘사한 범인을 아래 그림에서 고르세요.

①   ②   ③   ④

(2) 아래 표현을 활용해 범인 외 인물들의 외모를 묘사하는 글을 쓰세요.

ser baixo/a, alto/a   vestir calça jeans   ter cabelo curto, longo

_____

_____

_____

_____

★ Socorro! 도와주세요! | ladrão/ladrã 도둑 | ver 보다 | fugir 도망가다 | jaqueta de couro 가죽 자켓

지구의 허파, 아마존 열대 우림

아마존 우림Floresta Amazônica 또는 Amazônia은 550만km²에 달하는 면적으로 세계에서 가장 큰 열대 우림입니다. 또한 지구상에서 생물 다양성이 가장 풍부한 곳으로 세계 신(新) 7대 불가사의와 세계 7대 자연 경관 중 하나입니다. 지구에서 만들어지는 산소의 20% 이상을 생성한다고 해서 '지구의 허파'라고도 불리는 아마존 우림은 9개의 국가에 걸쳐 위치해 있습니다. 전체의 60%는 브라질에 위치하며 13%는 페루, 10%는 콜롬비아, 그리고 나머지는 베네수엘라, 에콰도르, 볼리비아, 가이아나, 수리남과 프랑스령 기아나에 위치합니다. 아마존이라는 이름을 얻게 된 것은 1540년~1542년 사이 스페인 원정대가 아마존을 탐사하던 중 용맹한 인디오 여전사들의 공격을 받았는데 그 모습이 그리스 신화에 등장하는 여전사 '아마조나스'를 연상한다고 해서 붙여진 이름입니다. 아마존 강은 4,650km에 걸쳐 흐르는 세계에서 가장 넓고 긴 강입니다. 아마존 강의 지류인 '검은 강Rio Negro'과 '하얀 강Rio Solimões'은 합류 지점에서부터 약 6km를 섞이지 않은 채 나란히 흐릅니다. 이는 물의 온도, 속도, 산도가 달라 발생하는 현상입니다.

아마존에서만 볼 수 있는 식물, 동물

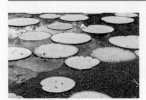

아마존 연꽃 Vitória-régia
'연못의 여왕'이라 불리는 아마존의 상징.

민물 돌고래 Boto cor-de-rosa
민물 돌고래 중 가장 큰 종으로 핑크색 빛을 띰. 브라질 민담의 주인공.

피라냐 Piranha
인디오 언어로 '이빨이 있는 물고기'라는 뜻. 20cm 미만의 작은 크기지만 살아 있는 동물을 공격하는 육식성 민물고기.

피라루쿠 Pirarucu
길이가 최대 3~5m에 달하며 몸무게는 200kg까지 자라는 세계 최대의 담수어.

브라질 나무 Pau-brasil
브라질 국가명의 유래가 된 나무. 나무를 베면 빨간 염료를 얻을 수 있음.

Posso ajudá-lo?

동영상 강의

- 과거 분사
- 수동태 구문
- 목적격 대명사
- 전치사와 함께 쓰이는 인칭 대명사

O meu gato sumiu!
제 고양이가 사라졌어요!

A porta estava aberta?
문이 열려 있었나요?

● 과거 분사

과거 분사는 동사 원형을 다음과 같은 어미로 변경하여 만듭니다.

-ar 규칙·불규칙 동사 → -ado		-er, -ir 규칙·불규칙 동사 → -ido	
falar	falado	beber	bebido
estar	estado	ser	sido
andar	andado	partir	partido

> **참고**
> 규칙에 적용되지 않는 동사들의 과거 분사는 다음과 같이 변형됩니다.
> pôr → posto   escrever → escrito
> dizer → dito   abrir → aberto
> fazer → feito   ver → visto

● 수동태 구문

수동태는 주어가 어떤 행위의 대상이 되는 문장을 가리킵니다. 수동태 구문은 주로 'Ser 동사 + 과거 분사'로 이루어집니다. 수동태 문장의 과거 분사는 주어의 성과 수에 일치시킵니다. 행위자를 나타낼 경우 전치사 por를 이용하여 'por + 행위자'의 순서로 씁니다.

> 주어 + Ser 동사 + 과거 분사 (+ por + 행위자)

Minha carteira **foi roubada.** 내 지갑이 도난당했어요.

Os melhores bolos **são feitos aqui.** 최고의 케이크는 여기에서 만들어져요.

Estes livros **foram escritos** pelo professor Park. 이 책들은 박 교수님에 의해 쓰여졌어요.

Estar 동사로 이루어진 수동태 구문은 일시적인 상태를 표현하며 Ficar 동사를 사용한 수동태 구문은 지속적인 상태를 표현합니다.

A porta **está** aberta. 문이 (현재) 열려 있다.

A porta **fica** aberta. 문은 (항상) 열려 있다.

Ele me deu um presente.
그가 나에게 선물을 줬어.

Acho que ele gosta de você.
그가 너를 좋아하는 것 같아.

● 목적격 대명사

목적격 대명사는 주로 동사 앞에 위치합니다. 목적격 대명사에는 '~을/를'을 의미하는 직접 목적격 대명사와 '~에게'를 뜻하는 간접 목적격 대명사가 있습니다.

~을/를	~에게
me 나를	me 나에게
te 너를	te 너에게
o/a 그를/그녀를	lhe 그에게/그녀에게/너에게
nos 우리를	nos 우리에게
os/as 그들을/그녀들을	lhes 그들에게/그녀들에게/너희에게

Eu vi **a Adriana** ontem.
난 어제 아드리아나를 봤다.

Eu **a** vi ontem. 난 어제 그녀를 봤다.

Ele **me** ligou. 그가 나에게 전화했어.

참고
포르투갈 등 다른 국가에서는 기본적으로 목적격 대명사가 동사 뒤에 오는 것을 원칙으로 합니다. 이 경우 동사와 목적격 대명사를 하이픈으로 연결합니다. 다만, 구어에서는 목적격이 주어 없이도 동사 앞에 위치합니다.
예를 들어 '당신을 사랑합니다.'는 브라질에서는 문어체로 Eu te amo. 또는 구어체로 Te amo.라고 하는 반면, 포르투갈에서는 Amo-te.라고 합니다.

● 전치사와 함께 쓰이는 인칭 대명사

전치사 뒤에서는 인칭 대명사의 형태가 바뀔 수 있습니다. 전치사 a, de, em, por과 쓰이는 경우 eu는 mim으로 변합니다. 다른 전치사와 달리 전치사 com 은 모든 인칭 대명사와의 결합 형태가 있습니다.

전치사	인칭 대명사
a/para ~에게 de ~의/~에게서 em ~에서 por ~을/를 위해	mim você, ele, ela nós vocês, eles, elas
com ~와/과	comigo consigo (com você(s), ele(s), ela(s)) conosco

Ele deu um presente **para mim**.
그가 나에게 선물을 줬어.

Ela gosta **de mim**. 그녀는 나를 좋아해.

Quer dançar **comigo**? 나와 춤출래?

O senhor não vai **conosco**?
아저씨는 우리와 함께 안 가시나요?

참고
구어체나 인터넷 상에서는 para mim을 pra mim으로, para você를 procê로 축약한 형태를 사용하기도 합니다.

Posso ajudá-la?

Queria ver blusas.

Vendedor	Posso ajudá-la?
Camila	Queria ver blusas.
Vendedor	As blusas estão aqui.
Camila	Tem essa daqui em outra cor?
Vendedor	Temos em branco, preto e azul.
Camila	Posso provar a branca?
Vendedor	Claro! Qual é o seu tamanho?
Camila	É M.
Vendedor	Aqui está. O provador fica ali do lado.

점원	도와드릴까요?
까밀라	블라우스 보고 싶어요.
점원	블라우스는 여기 있어요.
까밀라	여기 이거 다른 색상 있나요?
점원	흰색, 검정색, 파란색 있어요.
까밀라	하얀색 입어 봐도 될까요?
점원	당연하죠! 사이즈가 어떻게 되나요?
까밀라	M이에요.
점원	여기 있어요. 탈의실은 저쪽 옆에 있어요.

참고

사이즈는 다음과 같습니다.

PP 아주 작은 사이즈
P (Pequeno) 작은 사이즈
M (Médio) 중간 사이즈
G (Grande) 큰 사이즈
GG 아주 큰 사이즈

대화 TIP

- quero, vou querer, queria는 '~을/를 원합니다'로 모두 동일한 의미이지만 Querer 동사의 미래형인 **vou querer**와 불완전 과거형인 **queria**를 사용할 경우 quero보다 더욱 공손한 표현이 됩니다.

- 동사의 어미가 **-r, -s, -z**로 끝날 때에는 목적격 **o/os/a/as**는 **lo/los/la/las**로 변합니다. 또한 동사 어미가 탈락하며 강세 부호가 붙을 수 있습니다.

  vou achar + **o** → vou achá-**lo**
  vimos + **a** → vimo-**la**

새 단어 및 표현

Posso ajudá-lo/la/los/las?
도와드릴까요?
blusa *f.* 블라우스
branco *m.* 흰색, 흰
preto *m.* 검정색, 검은
azul *m.* 파란색, 파란
provar 시험/경험해 보다
tamanho *m.* 사이즈
provador *m.* 탈의실

Em que posso ajudar?

Estou procurando
por um celular.

Vendedora	Boa tarde! Em que posso ajudar?
Seu Zé	Estou procurando por um celular.
Vendedora	Recomendo este modelo.
Seu Zé	Quanto é?
Vendedora	São 700 reais.
Seu Zé	É caro demais. Não tem desconto?
Vendedora	Por que o senhor não paga com cartão? Pode parcelar em até 24 vezes sem juros.
Seu Zé	Tá bom. Vou levar este então.
Vendedora	O senhor teria outro cartão?
Seu Zé	Por quê?
Vendedora	Porque este cartão foi rejeitado.

점원	안녕하세요! 어떻게 도와드 릴까요?
제 아저씨	핸드폰을 찾고 있어요.
점원	이 모델 추천 드려요.
제 아저씨	얼마예요?
점원	700헤알입니다.
제 아저씨	너무 비싸네요. 할인은 안 되 나요?
점원	카드로 구매하는 게 어때요? 무이자로 24개월까지 할부 되거든요.
제 아저씨	좋아요. 그러면 이거 가져갈 게요.
점원	다른 카드 있으신가요?
제 아저씨	왜요?
점원	이 카드는 거절됐어요.

대화 TIP

Por que você não ~?은 '~하는 게 어때요?', '~하지 않겠어요?'를 의미하며 권유의 표 현으로 사용됩니다.

Por que você não liga para ela? 그녀에게 전화하는 게 어때요?
Por que você não passa lá? 거기 들르는 게 어때요?
Por que você não pergunta para ele? 그에게 물어보는 게 어때요?

새 단어 및 표현

Em que posso ajudar?
어떻게 도와드릴까요?

recomendar 추천하다
modelo m.f. 모델
Quanto é/custa? 얼마예요?
demais 지나치게
parcelar 할부하다
rejeitar 거절하다, 거부하다

옷, 액세서리

camiseta
f. 티셔츠

camisa
f. 셔츠

blusa
f. 블라우스

calça
f. 바지

calça jeans f.,
jeans m.
청바지

saia
f. 치마

vestido
m. 원피스

jaqueta
f. 자켓

bermuda
f. 남자 반바지

shorts
m. 핫팬츠

casaco
m. 코트

tênis
m. 운동화

sapato
m. 구두

gravata
f. 넥타이

chapéu
m. 모자

bolsa
f. 핸드백

brinco
m. 귀걸이

colar
m. 목걸이

pulseira
f. 팔찌

luva
f. 장갑

색

preto/a
검은색

branco/a
흰색

cinza
회색

marrom
밤색

**rosa,
cor-de-rosa**
분홍색

vermelho/a
빨간색

laranja
주황색

amarelo/a
노란색

verde
초록색

azul
파란색

참고
- comprido/a 긴　　curto/a 짧은
- 색깔은 명사로 사용할 경우 남성형을 사용하고, 형용사로
  사용할 경우 명사의 성과 수에 맞추어 사용합니다.

구매 관련 표현

Aceita cartão?

Claro! Débito ou crédito?

A 카드 되나요?

B 그럼요! 체크 카드인가요, 신용 카드인가요?

A의 기타 표현

Aceita cheque? 수표 받나요?

Aceita Mastercard?
마스터카드 받나요?

▶ aceitar 수락하다, 허락하다 |
cartão de débito 체크 카드 |
cartão de crédito 신용 카드

À vista ou a prazo?

À vista, por favor.

A 일시불로 해 드릴까요, 할부로 해 드릴까요?

B 일시불로 해 주세요.

Vocês fazem troca?

Em até 10 dias.

A 교환 되나요?

B 10일 이내 가능합니다.

A의 기타 표현

Vocês fazem reembolso?
환불되나요?

▶ troca *f.* 교환 | reembolso *m.* 환불

Tem em outro tamanho?

Vou verificar.

A 다른 사이즈도 있나요?

B 확인해 볼게요.

A의 기타 표현

Tem em outra cor? 다른 색상 있나요?

▶ verificar 확인하다

 1 아래 동사를 알맞은 시제로 활용하여 문장을 완성하세요.

ser	estar	ficar

(1) Meu carro _____ roubado ontem.

(2) A porta _____ aberta agora, mas normalmente _____ fechada.

(3) Esse filme _____ filmado por um diretor famoso e _____ lançado semana que vem.

★ filmar 촬영하다 | diretor(a) 감독 | famoso/a 유명한 | lançado/a (영화가) 개봉된

2 빈칸에 알맞은 단어를 넣어 대화를 완성하세요.

me	te	comigo	conosco	para mim

Filho Mãe, onde você estava? Eu (1) _____ liguei três vezes!

Mãe O quê? Você (2) _____ ligou?

Filho Sim. Eu liguei para você três vezes!

Mãe Você ligou (3) _____? Por quê?

Filho A senhora quer jantar (4) _____ hoje?

Mãe O que você disse?

Filho Perguntei se a senhora quer jantar com a gente hoje!

Mãe Vocês querem jantar (5) _____?

Filho Isso!

● 녹음을 듣고 질문에 답하세요.

086

(1) Quanto custa cada item?

①
•
• ⓐ R$ 50

②
•
• ⓑ R$ 100

(2) O que ele comprou?

① ② ③ ④

● 알맞은 문장을 넣어 대화를 완성하세요.

Vendedor	Boa tarde. Como posso ajudar?
Camila	(1) _____
Vendedor	Que tal esta bolsa? Temos ela em preto, branco e amarelo.
Camila	Vou levar a amarela. (2) _____
Vendedor	São 100 reais.
Camila	Posso pagar com cartão?
Vendedor	Claro. Débito ou crédito?

① Quanto custa?

② Qual é o seu tamanho?

③ Posso provar o branco?

④ Queria comprar uma bolsa.

브라질의 화폐, 헤알(Real)

브라질의 화폐는 헤알화(Real)입니다. 1헤알은 대략 0.3달러, 340원에 해당합니다.
1헤알은 동전이고, 지폐는 2, 5, 10, 20, 50, 100, 200헤알이 있습니다. 앞면에는 공화제를 상징하는
조각상이 그려져 있으며 뒷면에는 멸종 위기종 동물이자 브라질을 대표하는 동물의 그림이 있습니다.

2 Reais (2헤알)
바다 거북이 Tartaruga de pente
브라질 해안에서만 발견되는 5종의 바다
거북이 중 하나입니다

5 Reais (5헤알)
학 Garça
브라질에서 서식하는 조류 중 가장 대표적
인 새입니다.

10 Reais (10헤알)
앵무새 Arara
브라질은 물론 남미 전역을 대표하는 새입
니다.

20 Reais (20헤알)
황금머리사자 타마린 Mico-leão-dourado
브라질의 희귀 동물 보호의 상징이자 멸종
위기에 빠진 원숭이입니다.

50 Reais (50헤알)
표범 Onça Pintada
멸종 위기에 놓인 표범으로 아마존과 판
타나우 지역에 서식합니다.

100 Reais (100헤알)
농어 Garoupa
브라질 해안에서 발견되는 대표적인 어종
입니다.

200 Reais (200헤알)
갈기 늑대 Lobo-guará
브라질 중앙은행 설문 조사에서 바다 거북
이, 황금머리사자 타마린에 이어 3위를 차
지한 동물입니다.

✚ 200헤알은 2002년 20헤알 지폐 발행 후, 18년 만에 새로 발행된 화폐입니다.

Gostaria de fazer uma reserva.

- 직설법 과거 미래

- Dar 동사를 활용한 표현

- 비인칭 구문

Eu disse que choveria.
비 올 거라 했잖아요.

Eu ia levar o guarda-chuva, mas esqueci.
우산 가져가려고 했는데 깜빡했어요.

● 직설법 과거 미래

과거 미래는 과거 어느 시점에서 기술한 미래를 표현합니다. 또한 공손한 말투, 또는 가정문에 사용됩니다. 과거 미래 어미는 다음과 같습니다.

		규칙·불규칙 동사	-zer로 끝나는 불규칙 동사 (Fazer, Trazer, Dizer)
eu		+ ia	-ria
você, ele, ela	동사 원형	+ ia	-ria
nós		+ íamos	-ríamos
vocês, eles, elas		+ iam	-riam

① 과거에 기술한 미래를 표현합니다. 현 시점에서는 과거에 미래형으로 기술한 사건이 더 이상 미래가 아니기에 과거 미래가 사용됩니다.

  Ontem você disse que **viria** hoje. 오늘 올 거라고 어제 네가 얘기했잖아.

  Eu disse que **choveria**. 내가 비 올 거라 했었지.

② 의심, 추측 등을 표현합니다.

  Seria ele a pessoa certa para o cargo? 그가 그 직무에 맞는 사람일까?

③ 접속법 불완전 과거와 함께 가정문에 사용됩니다.

  Eu **ficaria** mais um dia se fosse possível. 만약 가능했더라면 하루 더 머물렀을 거예요.

  Se eu tivesse dinheiro, **compraria** um carro novo. 만약 돈이 있었더라면, 새 차를 샀을 텐데.

④ 공손하게 말하거나 부탁할 때 사용됩니다. 'Gostaria de ~.', 'Poderia + 동사 원형?' 구문이 주로 사용되며 불완전 과거형인 'Queria ~.'도 같은 용법으로 사용됩니다.

  Gostaria de fazer reserva. = **Queria** fazer reserva. 예약하고 싶습니다.

  Poderia me ajudar? 저를 도와줄 수 있나요?

> **참고**
> '과거 미래 어미(Ir의 불완전 과거형) + 동사 원형' 또는, 불완전 과거가 사용되기도 합니다.
> Eu disse que **ia chover**. 내가 비 올 것이라고 했지.
> Se eu tivesse dinheiro, **comprava** um carro novo.
> 돈이 있었더라면, 난 자동차를 샀을 거야.

Dá para fazer para amanhã?
내일까지 할 수 있나요?

Sim, é possível.
네, 가능합니다.

● Dar 동사를 활용한 표현

'주다'를 의미하는 Dar 동사는 다음과 같이 다양한 표현으로 사용할 수 있습니다.

Dar para + 동사 원형 가능하다	**Dá para** fazer para amanhã? 내일까지 할 수 있나요? Vai **dar para** viajar pela cidade? 시내 여행할 수 있을까요?
Dar (tempo/dinheiro) (시간/돈)이 충분하다	**Deu dinheiro** para comprar o livro? 책 살 돈 충분했어? **Dá tempo** para passar na padaria? 빵집 들렀다 갈 시간 충분해?
Dar certo/errado (결과) 잘되다, 잘 안 되다	Vai **dar** tudo **certo**. 다 잘될 거야. **Deu certo**? 잘됐어?, 성공했어? O projeto **deu errado**. 프로젝트 실패했어.

● 비인칭 구문

'~하는 것은 ~하다'라는 표현은 주로 비인칭 구문으로 만듭니다. 비인칭 구문이기에 동사 및 형용사는 항상 3인칭 단수로 사용합니다.

é + **형용사** + **동사 원형**   ~하는 것은 ~하다

é possível ~ ~하는 것은 가능하다	**É possível** fazer backup? 백업이 가능합니까?
é impossível ~ ~하는 것은 불가능하다	**É impossível** viver sem água. 물 없이 사는 건 불가능합니다.
é importante ~ ~하는 것은 중요하다	**É importante** salvar os arquivos no HD. 하드 드라이브에 문서를 저장하는 것은 중요합니다.
é difícil ~ ~하는 것은 어렵다	**É difícil** cuidar das crianças sozinho. 홀로 아이들을 돌보는 것은 어렵습니다.
é fácil ~ ~하는 것은 쉽다	**É fácil** falar dos outros. 남에 대해 말하는 것은 쉽습니다.

> **참고**
> Dar para ~?와 É possível ~? 구문은 비슷하게 사용됩니다. 전자는 주로 구어체에서 많이 사용됩니다.
> **Dá para** fazer backup? = **É possível** fazer backup? 백업이 가능한가요?

Hotel Ibis, bom dia.

Gostaria de fazer uma reserva.

Recepcionista	Hotel Ibis, bom dia.
Juno	Bom dia. Gostaria de fazer uma reserva para o dia 9 de novembro.
Recepcionista	Que tipo de apartamento o senhor deseja?
Juno	Quero um quarto duplo com 2 camas de solteiro.
Recepcionista	Sim, senhor. Por quantas noites?
Juno	Duas noites.
Recepcionista	Pois não. Qual é o seu nome?
Juno	É Juno Lee.
Recepcionista	Muito bom, Sr. Lee. Está reservado. O vemos no dia 9.

호텔 접수원	안녕하세요. 이비스 호텔입니다.
준호	안녕하세요. 11월 9일로 예약하고 싶습니다.
호텔 접수원	어떤 방을 원하시나요?
준호	더블룸이요. 싱글 침대 두 개 주세요.
호텔 접수원	네, 몇 박하시나요?
준호	이틀이요.
호텔 접수원	네, 성함이 어떻게 되시나요?
준호	이준호입니다.
호텔 접수원	네. 이준호님, 예약되었습니다. 9일날 뵙겠습니다.

대화 TIP

- **pois não**은 서비스 업종에 종사하는 사람들이 많이 사용하는 격식을 차린 표현입니다.
  Pois não! 그럼요!, 당연하죠!
  Pois não? 어떻게 도와드릴까요?, 어떻게 오셨나요?

- 예약 확인에 대해 물을 때는 아래와 같은 표현을 사용할 수 있습니다.
  Gostaria de confirmar a reserva, por favor? 예약 확인해 주실 수 있나요?
  = Poderia confirmar a minha reserva?

새 단어 및 표현

reserva *f.* 예약
(De) que tipo de apartamento o senhor deseja?
어떤 타입의 방을 원하세요?
desejar 원하다
quarto duplo *m.* 더블룸
cama de solteiro *f.* 싱글 침대
Está reservado. 예약되었습니다.

O que desejam pedir?

Me vê um X-burger.

Vou querer um filé.

Garçom	O que desejam pedir?
Seu Zé	Me vê um X-burger. Dá para colocar mais queijo?
Garçom	Claro. E para a senhora?
Dona Inês	Eu vou querer um filé com fritas.
Garçom	Bem passado ou malpassado?
Dona Inês	Ao ponto, por favor.
Garçom	E para beber?
Dona Inês	Um suco de abacaxi com hortelã para mim e uma água com gás para ele.

웨이터	무엇을 주문하시겠어요?
제 아저씨	치즈 버거 하나 주세요. 치즈 더 넣을 수 있나요?
웨이터	그럼요. 부인께서는요?
이네스 아주머니	저는 스테이크와 감자튀김이요.
웨이터	완전히 익힐까요, 덜 익힐까요?
이네스 아주머니	적당히 익혀 주세요.
웨이터	마실 것은요?
이네스 아주머니	저에겐 민트 넣은 파인애플 주스 주시고요, 저 분에게는 탄산수 주세요.

참고

고기 굽기 정도
bem passado 잘 익힌
ao ponto 적당히 익힌
malpassado 덜 익힌

대화 TIP

· **Me vê**는 구어체에서 많이 사용되는 표현으로 '~주세요'를 의미합니다. 고급 식당보다는 lanchonete(간이식당)이나 동네 식당에서 메뉴를 시킬 때 사용됩니다.

· 전치사 **com**(~와/과 함께)과 **sem**(~없이)을 사용해서 재료를 넣거나 빼 달라고 요청할 수 있습니다.
café **com** leite 우유를 넣은 커피 (카페라테)
café **sem** açúcar 설탕 뺀 커피
coca **com** limão 라임을 넣은 콜라
coca **sem** gelo 얼음을 넣지 않은 콜라

새 단어 및 표현

O que deseja(m) pedir?
무엇을 주문하시겠어요?
X-burger 치즈 버거
colocar 넣다
queijo m. 치즈
filé m. 스테이크
fritas f. 감자튀김 (= batata frita)
abacaxi m. 파인애플
hortelã f. 민트
água com gás f. 탄산수

음식

carne
f. 육류, 고기

carne bovina
f. 소고기

**carne de porco,
carne suína**
f. 돼지고기

carne de carneiro
f. 양고기

peixe
m. 생선

pão
m. 빵

sopa
f. 수프

arroz
m. 밥, 쌀

massa *f.* 국수/면
macarrão
m. 스파게티면

salada
f. 샐러드

ovo
m. 달걀

queijo
m. 치즈

farinha
f. 밀가루

manteiga
f. 버터

azeite (de oliva)
m. 올리브유

vinagre
m. 식초

pimenta do reino
f. 후추

sal
m. 소금

açúcar
m. 설탕

óleo
m. 식용유

ketchup
m. 케첩

mostarda
f. 머스타드 소스

maionese
f. 마요네즈

tempero
m. 양념, 향신료

molho
m. 소스, 육수

조리

assar 굽다 – **assado/a** 구운
fritar 튀기다 – **frito/a** 튀긴
cozir 끓이다 – **cozido/a** 끓인, 익힌
grelhar 불판에 굽다 – **grelhado/a** 불판에 구운
cru(a) 생, 날것

맛

delicioso/a, gostoso/a 맛있는
salgado/a 짠맛의
doce 단맛의
azedo/a 신맛의
apimentado/a 매운

식당 관련 표현

Mesa para fumante ou não-fumante?

Não-fumante, por favor.

A 흡연석과 비흡연석 중 어디로 안내할까요?
B 비흡연석이요.

▶ fumante *m.f.* 흡연자 │ não-fumante *m.f.* 비흡연자

O cardápio, por favor.

Aqui está.

A 메뉴판 주세요.
B 여기 있습니다.

A의 기타 표현

A conta, por favor. 계산서 주세요.
Poderia me trazer o cardápio/a conta?
메뉴판/계산서 가져다주시겠어요?

▶ cardápio *m.* 메뉴판 │ conta *f.* 계산서

Gostaria de pedir?

Sim, por favor.

A 주문하시겠어요?
B 네.

A의 기타 표현

Está pronto/a para pedir?
주문하시겠어요?

O que deseja pedir?
어떤 것을 주문하시겠어요?

É para agora ou para viagem?

É para viagem.

A 드시고 가시나요, 아니면 포장인가요?
B 포장이요.

A의 기타 표현

Vai comer aqui ou vai levar?
드시고 가시나요, 아니면 포장인가요?

É para levar? 포장하시나요?

B의 기타 표현

Eu vou comer aqui. 먹고 갈 거예요.
Pode pôr para viagem?
포장해 주실 수 있나요?

문법 1 빈칸에 알맞은 표현을 넣어 문장을 완성하세요.

(1) Eu lhe _____, mas agora não dá tempo.

① daria   ② encontraria   ③ comeria   ④ leria

(2) Eu _____ o carro, mas não tenho dinheiro.

① venderia   ② partiria   ③ estudaria   ④ compraria

(3) Eu ia limpar o meu quarto, mas _____.

① não deu tempo   ② não deu errado   ③ deu dinheiro   ④ deu certo

(4) Eu ia te ligar, mas _____.

① deu certo   ② não tinha bateria   ③ deu tempo   ④ deu dinheiro

★ bateria *f.* 배터리

2 각 질문에 맞는 답변과 연결하세요.

(1) É possível chegar em dez minutos?   •

(2) É difícil aprender coreano em um mês?   •

(3) Dá para terminar até amanhã? É importante.   •

• ① Sim, será possível.

• ② Não vai dar. Tem muito trânsito.

• ③ É impossível em um mês.

3 아래에서 알맞은 동사 형태를 두 개씩 골라 각 문장을 정중한 표현으로 바꾸세요.

Queria	Queríamos	Gostaria
Gostaríamos	Podia	Poderia

(1) Quero fazer uma reserva para amanhã.

➡ _____

(2) Pode falar mais devagar, por favor?

➡ _____

(3) Queremos falar com Sr. Lee.

➡ _____

● 녹음을 듣고 질문에 답하세요.

091

(1) Para que horas o Tiago fez a reserva?

① 18:00　　　　　　　　　　② 19:00

③ 20:00　　　　　　　　　　④ 21:00

(2) Para quantas pessoas o Tiago fez a reserva?

① 3 pessoas　　　　　　　　② 6 pessoas

③ 8 pessoas　　　　　　　　④ 10 pessoas

● 다음을 읽고 바로 이어지는 대화로 적절한 것을 고르세요.

Garçom	Posso ajudar?
Tiago	Cardápio, por favor.
Garçom	O senhor está pronto para pedir?
Tiago	Vou querer uma salada e um filé.
Garçom	O que deseja para beber?
Tiago	Uma água sem gás, por favor.

① Garçom　Mesa para fumante ou não-fumante?
　Tiago　Não-fumante, por favor.

② Garçom　Sem gás ou com gás?
　Tiago　Sem gás.

③ Garçom　Deseja perdir algo mais?
　Tiago　Só isso. Obrigado.

④ Tiago　A conta, por favor.
　Garçom　Aqui está.

★ água sem gás 탄산 없는 물 ｜ só 오직, ~만

브라질 대표 음식

슈하스꼬 churrasco

브라질식 바베큐인 슈하스꼬는 다양한 고기를 부위 별로 잘라 소금으로만 간을 합니다. 그리고는 긴 꼬챙이에 고기 덩어리들을 꽂아 숯불에 구워 식탁에 올립니다. 우리나라에서 무한 스테이크집으로 알려진 '슈하스카리아 Churrascaria'는 원래 이런 슈하스꼬를 전문적으로 파는 식당이며 샐러드 바와 함께 여러 종류의 고기를 무한정 즐길 수 있는 고급 레스토랑입니다. 슈하스꼬를 먹을 때는 주로 파러파farofa(만지오카mandioca나 옥수수 가루에 돼지고기, 양파, 계란 등 섞어서 만든 음식)나 비나그레치vinagrete(토마토, 양파 등의 야채를 잘게 썰어 식초와 소금으로 간을 한 샐러드)를 곁들입니다.

아호스 꽁 페이자웅 arroz com feijão

브라질에서 밥을 먹을 때 빼놓을 수 없는 것이 삶은 콩 요리인 페이자웅feijão 입니다. 한 끼 식사는 기본적으로 아호스 이 페이자웅arroz e feijão(밥과 콩), 고기, 토마토와 양배추에 올리브유와 소금만으로 간을 한 샐러드, 그리고 감자튀김으로 구성됩니다. 또한 주로 점심시간에는 'por kilo뽀르 낄루'라 불리는 식당에서 끼니를 해결하는데, 이곳에서는 뷔페 식으로 음식을 담아 고른 후 무게에 따라 돈을 지불합니다. 여러 종류의 음식을 저렴한 가격에 먹을 수 있어 많은 사람들이 이용합니다.

페이조아다 feijoada

주로 수요일과 토요일에는 페이조아다를 먹는 풍습이 있습니다. 페이조아다는 돼지의 귀, 내장, 발, 꼬리 등을 검은 콩과 함께 넣고 끓여서 죽처럼 걸쭉하게 만들어 밥에 얹어 먹는 음식입니다. 파러파farofa와 절인 케일couve을 곁들여 먹습니다. 예전에 먹을 것이 없던 흑인 노예들이 남은 고기 부위를 넣어 만들어 먹던 요리에서 비롯됐습니다.

까이삐링냐 caipirinha

브라질을 대표하는 칵테일 까이삐링냐는 까샤사cachaça('삥가pinga'라고도 불림.) 라는 사탕수수로 만든 전통술을 기본 재료로 만듭니다. 라임을 으깨 넣고 설탕과 얼음을 넣은 까이삐링냐는 정해진 레시피 없이 각자 취향에 맞춰 만듭니다. 베이스로 럼을 사용하면 까이삐리시마caipiríssima, 보드카를 사용하면 까이삐로스카caipiroska라고 부릅니다.

Alô?

동영상 강의

- 과거 완료
- 관계사: que, quem, onde
- 축소형 어미
- 증대형 어미

Esta é a padaria onde compro pão toda manhã.
여기가 내가 매일 아침 빵을 사는 빵집이야.

Este é o pão que eu mais gosto.
이 빵이 내가 가장 좋아하는 빵이야.

● 과거 완료

이미 끝난 과거의 일이나 상황보다 더 먼 과거를 표현합니다. 주로 다른 시제의 문장과 함께 복합 형태로 사용됩니다.

> **Ter의 불완전 과거 + 과거 분사**

9:00

Aeroporto

9:20

① O avião decolou. 비행기가 이륙했다.　　② Ela chegou no aeroporto. 그녀가 공항에 도착했다.

→ O avião já **tinha decolado** quando ela chegou no aeroporto.
그녀가 공항에 도착했을 때 비행기는 이미 이륙했었다.

● 관계사: que, quem, onde

관계사는 문장 내에서 이미 언급된 명사를 대신하여 반복을 피합니다. 또한, 관계사 앞에 있는 명사(선행사)를 설명하는 형용사절을 이끄는 역할을 합니다. 앞에 나오는 명사를 문장으로 수식할 때 관계사를 사용합니다.

① que: 선행사로 사람이나 사물을 취합니다.

　Este é o celular. Eu comprei o celular ontem. 이것이 그 핸드폰입니다. 나는 어제 그 핸드폰을 샀습니다.

　→ Este é o celular **que** eu comprei ontem. 이것이 내가 어제 산 그 핸드폰입니다.

② quem: 선행사로 사람을 취하며 반드시 전치사와 함께 쓰입니다.

　Ele é o colega. Eu trabalho com o colega. 그가 그 동료입니다. 나는 그 동료와 일합니다.

　→ Ele é o colega com **quem** eu trabalho. 그가 나와 함께 일하는 동료입니다.

③ onde: 선행사로 장소를 나타내는 말을 취합니다.

　A escola é grande. Vou estudar na escola. 그 학교는 큽니다. 나는 그 학교에서 공부할 것입니다.

　→ A escola **onde** vou estudar é grande. 내가 공부할 그 학교는 큽니다.

주요 구문 & 문법 Frases-chave & Gramática

194

Um cafezinho, por favor.
커피 한잔 주세요.

É para já.
금방 드릴게요.

● 축소형 어미

축소형 어미는 본래 단어에 '작은'의 의미를 추가하는 데 사용되며 그 외에도 다양한 용법이 있습니다. 다음과 같은 방법으로 축소형 어미를 붙일 수 있습니다.

① 단어가 강세 없는 모음으로 끝나는 경우: 마지막 모음을 -inho/a로 대체

gato 고양이 → gatinho 작은 고양이

② 끝 음절에 강세가 있거나, 비음이 있거나, 이중/삼중 모음이 있는 경우: 마지막 철자에 -zinho/a 추가

pé 발 → pezinho 작은 발   mão 손 → mãozinha 작은 손   fio 실 → fiozinho 짧은/얇은 실

작은 크기	café pequeno → cafezinho 작은 커피 menina pequena → menininha 작은 소녀
애칭, 애정	Ronaldo 호나우두 → Ronaldinho 호나우징뉴 amor 사랑 → amorzinho 애정의 대상에게 사용하는 애칭
강조	bem pequeno = pequenininho 매우 작은 bem perto = pertinho 매우 가까운
조롱, 비하	cabecinha 작은 머리 ('머리가 나쁘다'를 의미)

> **참고**
> 축소형 어미는 특별한 이유 없이 말투로도 사용되는 경우도 있습니다.
> jeitinho brasileiro 브라질만의 방식
> (여기에서 jeitinho는 일을 모면하기 위해 발휘하는 임기응변이나 편법을 의미합니다.)

● 증대형 어미

증대형 어미는 본래 단어에 '큰'의 의미를 추가하는 데 사용되며 그 외에도 다양한 용법이 있습니다. 다음과 같은 방법으로 증대형 어미를 붙일 수 있습니다.

① 단어가 강세 없는 모음으로 끝나는 경우: 마지막 모음을 -ão/-ona로 대체

gato 고양이 → gatão 큰 고양이

② 끝 음절에 강세가 있거나, 비음이 있거나, 이중/삼중 모음이 있는 경우: 마지막 철자에 -zão/-zona 추가

pé 발 → pezão 큰 발   mão 손 → mãozona 큰 손   fio 실 → fiozão 긴/굵은 실

큰 크기, 훌륭한	tela grande → telão 큰 화면
애칭, 멋진	Felipão 주로 남자 이름에 사용합니다. amigão 좋은 친구
조롱, 비하	cabeção 얼굴/머리 큰 사람 mandão 남에게 시키기 좋아하는 사람

> **참고**
> 어미 모양 때문에 축소형이나 증대형처럼 보이는 단어들도 있습니다.
> carinho 애정 – carinho = bem caro 비싼
> galinha 암탉 – galo 수탉
> porta 문 – portão 대문
> carta 편지 – cartão 카드

대화 **1**　Diálogo 1　092

Alô?　　　　　　　　　Quem fala?

Adriana	Alô?
Daniel	Quem fala?
Adriana	É Adriana.
Daniel	Oi, professora. Aqui é o Daniel. Liguei para avisar que vou me atrasar para a aula hoje.
Adriana	E qual o motivo?
Daniel	Hoje tenho a entrevista de trabalho que tinha mencionado antes. Lembra?
Adriana	Ah, sim. Vai se atrasar muito?
Daniel	Não, só um pouquinho.

아드리아나	여보세요?
다니엘	누구세요?
아드리아나	아드리아나입니다.
다니엘	선생님, 안녕하세요. 저 다니엘이에요. 오늘 수업 늦는다고 얘기하려고 전화했어요.
아드리아나	어떤 이유에서요?
다니엘	오늘 전에 말했던 취업 면접이 있어요. 기억나세요?
아드리아나	아, 네. 많이 늦나요?
다니엘	아뇨, 아주 조금만요.

새 단어 및 표현

Alô? 여보세요?
avisar 알리다
atrasar-se 지각하다
motivo *m.* 이유, 원인
entrevista de trabalho *f.* 취업 면접
mencionar 언급하다
só um pouquinho 아주 조금만

대화

브라질에서는 전화를 건 사람이 **Quem fala?**(누구세요?)라고 물어보기도 합니다.

196

Alô? O Tiago está?

É ele. Quem fala?

Juno	Alô? O Tiago está?
Tiago	É ele. Quem fala?
Juno	Oi, Tiago. Sou eu, o Juno.
Tiago	Oi, Juno. Eu te liguei de volta, mas você já tinha saído.
Juno	É. Eu ouvi o recado que você deixou. Por acaso você tem o relatório do projeto que te pedi ontem?
Tiago	Sim, você tá precisando?
Juno	Preciso. Dá para me mandar por e-mail?
Tiago	Claro! Já estou mandando.
Juno	Obrigadão.

준호	여보세요? 찌아고 있나요?
찌아고	전데요. 누구세요?
준호	안녕하세요. 저 준호예요.
찌아고	안녕하세요. 다시 전화 걸었었는데 이미 나가셨더라고요.
준호	네. 남기신 메시지 들었어요. 혹시 어제 부탁드린 사업 보고서 갖고 계세요?
찌아고	네. 필요하세요?
준호	필요해요. 이메일로 제게 보내 줄 수 있나요?
찌아고	당연하죠. 바로 보낼게요.
준호	고마워요.

대화 TIP

Já estou -ndo를 직역하면 '이미 ~하는 중이다'지만 '곧/바로 ~하겠다'라는 의미로도 사용됩니다.

  Já estou indo! 곧 갈게!

구어체에서는 **já**를 반복하여 사용하기도 합니다.

  Estou indo já, já. 곧 갈게.

새 단어 및 표현

ligar de volta 다시 전화를 하다
ouvir 듣다
deixar 놔두다
relatório *m.* 보고서
projeto *m.* 프로젝트, 사업
mandar 보내다, 시키다

업무 관련

viagem de negócios *f.* 출장

reunião *f.* 회의

promoção *f.* 승진
ser promovido/a 승진하다

currículo *m.* 이력서

férias *f.* 휴가
tirar férias 휴가를 내다

salário *m.* 임금
salário mensal *m.* 월급

carteira de trabalho *f.* 노동 수첩

entrevista de trabalho *f.* 취업 면접

cartão de visita *m.* 명함

학교 관련

참고
학사 과정
graduação *f.* 학부 (학사)
pós-graduação *f.* 대학원
mestrado *m.* 석사 과정
doutorado *m.* 박사 과정

ir à aula 수업에 가다
frequentar a escola 학교를 다니다

atrasar-se para a aula 수업에 지각하다
faltar à aula 수업에 결석하다

ingresso *m.* 등록
ingressar 등록하다

trancar a matrícula 휴학하다

bolsa de estudos *f.* 장학금
bolsista *m.f.* 장학생

diploma *m.* 학위증

formar-se 졸업하다
formatura *f.* 졸업식

semestre *m.* 학기

sala de aula *f.* 교실, 강의실

intercâmbio *m.* 교환 학생 프로그램
intercambista *m.f.* 교환 학생

전화 통화 표현

Posso falar com a Camila?

Quem gostaria?

A 까밀라와 통화할 수 있을까요?
B 누구세요?

A의 기타 표현

A Camila está? 까밀라 있나요?
Gostaria de falar com a Camila, por favor.
까밀라 바꿔 주세요.

B의 기타 표현

Quem é? 누구세요?
= Quem deseja?
= Com quem eu falo?

Ela não está no momento.
Quer deixar recado?

Não, obrigado.

A 그녀는 지금 없어요. 메모 남겨 드릴 까요?
B 아니요, 감사합니다.

A의 기타 표현

Gostaria de deixar recado?
메모 남겨 드릴까요?

B의 기타 표현

Ligo mais tarde. 나중에 전화할게요.

Não tem ninguém com esse nome aqui.

Desculpe. Foi engano.

A 그런 사람 없는데요.
B 죄송합니다. 잘못 걸었습니다.

참고

Foi engano.는 '잘못 걸었습니다.'라는 의 미로 전화를 건 사람이나 받은 사람 모두 사 용할 수 있습니다.

📞 기타 전화 통화 관련 표현

Só um <u>momento</u>, por favor. (<u>momentinho</u>, <u>minuto/minutinho</u>, <u>segundo/segundinho</u>) 잠시만요.
Poderia falar mais <u>uma vez/devagar/alto</u>? 한 번 더/더 천천히/더 크게 말해 주시겠어요?
Perdão? 뭐라고요? (잘 안 들렸을 때)
A linha está ocupada. 통화 중입니다.
A ligação <u>está ruim/caiu</u>. 연결 상태가 안 좋습니다./전화가 끊겼어요.

문법 1 그림을 보고 보기 와 같이 과거 완료 시제로 문장을 만드세요.

보기
Neymar já (marcar o gol) quando o juiz apitou.
➡ Neymar já tinha marcado o gol quando o juiz apitou.

(1)

A Gina já (comprar o guarda-chuva) quando parou de chover.

➡ _____

(2)

O Juno já (acordar) quando o alarme tocou.

➡ _____

(3)

O banco já (fechar) quando o Seu Zé chegou.

➡ _____

★ juiz *m.* 심판 | apitar 휘슬을 불다 | alarme *m.* 알람, 벨 | tocar 만지다, 울리다

2 와 같이 다음 두 문장을 적절한 관계사를 사용해서 연결하세요.

보기
Eu li o livro. Você me emprestou o livro.
➡ Eu li o livro que você me emprestou.

(1) Esta é a televisão. Eu comprei a televisão ontem.

➡ _____

(2) Ele é o meu amigo. Eu estudo com ele.

➡ _____

(3) Este é o restaurante. Eu sempre almoço no restaurante.

➡ _____

듣기 ● 녹음을 듣고 질문에 답하세요.

(1) 다음 중 옳지 않은 것을 고르세요.

① 페레이라 씨는 부재중이다.

② 전화를 건 사람의 이름은 페레이라이다.

③ 전화를 건 사람은 메모를 남기고자 한다.

④ 전화를 건 사람은 페레이라 씨의 직장 동료이다.

(2) 다음 중 남자의 말에 이어 여자가 할 말로 가장 적절한 것을 고르세요.

① Desculpe. Foi engano.　　② Quem gostaria?

③ Um momento... Pode falar.　　④ Com quem eu falo?

읽기 ● 다음 글을 읽고 질문에 답하세요.

> Quando o Seu Zé e a Dona Inês voltaram do trabalho, o pior
> ⓐ＿＿＿＿＿＿＿＿＿＿.
> A casa estava uma bagunça! O sofá e as cortinas estavam rasgados
> e havia pegadas de gato em todo lugar. Para completar, o seu gato
> não estava dentro da casa.
> Ele ⓑ＿＿＿＿＿＿＿＿＿＿.

(1) ⓐ와 ⓑ에 들어가기 적합한 단어를 올바르게 연결한 것을 고르세요.

① tinha aparecido - tinha desaparecido

② tinha desaparecido - tinha aparecido

③ tinha acontecido - tinha desaparecido

④ tinha desaparecido - tinha acontecido

(2) 위 글의 내용과 맞는 것은 O, 틀린 것은 X를 표시하세요.

① O gato tinha desaparecido.　　　　　　　　　　(　)

② Um ladrão tinha entrado na casa.　　　　　　　(　)

③ O Seu Zé e a Dona Inês não entraram em casa.　(　)

④ A casa estava uma bagunça quando eles voltaram do trabalho.　(　)

★ bagunça *f.* 지저분하고 엉망진창인 상황 ｜ cortina *f.* 커튼 ｜ rasgado/a 찢어진 ｜ pegada *f.* 발자국 ｜
para completar 게다가 ｜ aparecer 나타나다 ｜ desaparecer 사라지다 ｜ acontecer (일이) 발생하다, 일어나다

브라질 대표 간식

빠스떼우 pastel

7일 장터인 페이라feira에는 어김없이 빠스떼우를 튀겨 파는 곳이 여럿 있습니다. 반죽을 길고 네모난 모양으로 만든 피 안에 소고기, 새우, 햄, 치즈 등 다양한 재료를 골라 넣고 그 자리에서 1~2분간 튀긴 후 종이에 싸서 먹습니다. 재료에 따라 메뉴 이름이 결정되는데 모든 메뉴가 다 맛있기 때문에, 브라질에 가면 꼭 먹어 봐야 하는 별미입니다.

꼬싱냐 coxinha

물방울 또는 이름처럼 닭의 허벅지coxa 모양을 한 꼬싱냐는 안은 부드럽고 겉은 바삭한 크로켓 같은 음식입니다. 기호에 따라 케첩, 핫소스 등을 곁들여 먹습니다. 가장 인기 많은 꼬싱냐의 종류는 프랑고 꽁 까뚜삐리frango com catupiry로 닭고기와 까뚜삐리 치즈를 함께 넣은 것입니다.

빠웅 지 께이죠 pão de queijo

미나스 제라이스에서 탄생했으나 이제는 브라질 사람들의 대표 간식으로 자리잡은 빠웅 지 께이죠는 풍부한 치즈 향과 쫄깃쫄깃한 식감이 일품입니다. 굽자마자 먹으면 겉은 바삭하며 안은 쫄깃하여 아침 식사나 호텔 조식에도 빠지지 않고 나옵니다.

아사이볼 açaí na tigela

국내에서도 유명해진 아사이볼은 아사이베리와 과라나, 또는 다른 음료 및 과즙을 스무디처럼 갈아 토핑을 얹어 먹는 디저트입니다. 현지에서 먹는 아사이볼은 아사이 농도가 진해 맛이 강합니다. 토핑은 과일 한두 가지와 그라놀라granola(볶은 곡물, 견과류)가 기본이며 초콜릿, 젤리 등을 추가하기도 합니다.

과라나 guaraná

브라질에서 가장 사랑받는 음료수는 과라나입니다. 동일 이름의 아마존에서만 나는 열매 과라나로 만들어진 음료수이며, 브라질 음료수 판매량의 70%를 넘게 차지하는 브라질의 국민 음료입니다. 카페인 함량이 높으며 맥주같이 진한 노란색입니다. 세계적인 음료 브랜드에서 과라나 음료를 내놓고 있지만, 고유의 브랜드 음료가 있는 지역도 있어 여러 지역의 다양한 과라나를 마셔 보는 재미도 있습니다.

Vá reto.

- 직설법 vs. 접속법

- 접속법 현재

- 접속법 현재 주요 용법

- 접속사

> **Vá mais devagar!**
> 좀 천천히 가!

> **Não se preocupe!**
> 걱정 마!

● 직설법 vs. 접속법

직설법은 명확하고 확실한 사건, 동작, 상황 등 객관적인 것을 표현합니다. 반면, 접속법은 불분명하거나 추상적인 것 등을 주관적으로 표현하며 다른 문장(주절)으로 그 내용을 채워 줘야 합니다.

직설법		Gosto de chocolate. 나는 초콜릿을 좋아합니다.
접속법	현재	Que eu goste de chocolate 내가 초콜릿을 좋아하기를 ~
	불완전 과거	Se eu gostasse de chocolate 내가 만약 초콜릿을 좋아했었더라면 ~
	미래	Para eu gostar de chocolate 내가 초콜릿을 좋아하기 위해선 ~

● 접속법 현재

접속법 현재는 명령, 권유, 부탁의 구문에 사용되며 동사 변화는 다음과 같습니다.

규칙 동사

	-ar 동사: Falar	-er 동사: Beber	-ir 동사: Partir
eu	fale	beba	parta
você, ele, ela	fale	beba	parta
nós	falemos	bebamos	partamos
vocês, eles, elas	falem	bebam	partam

불규칙 동사

	Ser	Fazer	Ir	Ter
eu	seja	faça	vá	tenha
você, ele, ela	seja	faça	vá	tenha
nós	sejamos	façamos	vamos	tenhamos
vocês, eles, elas	sejam	façam	vão	tenham

동사 변화 p. 232 참조

Não coma isso!
그거 먹지 마!

Saia daí!
거기서 나가!

● 접속법 현재 주요 용법

명령 **Faça** a lição de casa! 숙제해!

권유 **Ligue** já! 지금 전화하세요!

Compre agora! 지금 사세요!

부탁 **Ajude**-me, por favor. 저 좀 제발 도와주세요.

부정형을 쓸 때는 동사 앞에 **não**을 붙여 줍니다.

Não **diga** bobeira! 쓸데없는 말 하지 마!

Não **seja** ridículo. 웃기지 마.

> **참고**
> • 문법상 명령법도 존재하지만, 일반적으로 명령 의미로서 접속법 현재형이 자주 쓰입니다.
> • 구어체에서는 접속법 현재 대신 직설법 현재가 명령문에 사용되는 경우도 많습니다.
> **Faça** a lição de casa! 숙제해!
> = **Faz** a lição de casa!
> Não **jogue** lixo no chão. 바닥에 쓰레기 버리지 마.
> = Não **joga** lixo no chão.

● 접속사

접속사는 단어, 구 또는 문장을 이어주는 역할을 합니다. 포르투갈어에서 많이 사용되는 접속사는 다음과 같습니다.

접속사	예
e 그리고	Eu fui ao supermercado **e** fiz compras. 나는 마켓에 갔고 장을 봤어요.
mas, porém 그러나, 그렇지만	Dormi cedo, **mas** acordei tarde. 나는 일찍 잤지만 늦게 일어났어요.
ou 혹은, 또는	Você vem conosco **ou** não? 당신은 우리와 함께 가나요, 혹은 안 가나요?
por isso, portanto 그러므로, 따라서	Ela estava cansada, **por isso** foi para casa. 그녀는 피곤해서 집에 갔어요.
porque 왜냐하면	Eu te liguei **porque** estava preocupado. 나는 걱정돼서 당신에게 전화했어요.

Não se esqueça de levar a sua identidade!

Não se preocupe!

Dona Inês	Zé Carlos! O que você está fazendo aqui ainda?
Seu Zé	Estou trabalhando, ué?
Dona Inês	Pedi para você ir ao banco!
Seu Zé	Ah, tinha esquecido completamente!
Dona Inês	Vá agora mesmo! O banco vai fechar daqui a pouco.
Seu Zé	Fique calma! Já estou saindo.
Dona Inês	Não se esqueça de levar a sua identidade!
Seu Zé	Não se preocupe!

이네스 아주머니	제 까를로스! 아직도 여기서 뭐 하고 있는 거예요?
제 아저씨	일하고 있잖아요.
이네스 아주머니	은행에 가 달라고 했잖아요!
제 아저씨	아, 완전히 잊어버렸었어요!
이네스 아주머니	지금 당장 가요! 은행 이제 곧 닫을 거예요.
제 아저씨	침착해요! 이제 가요.
이네스 아주머니	신분증 가져가는 것 잊지 마요!
제 아저씨	걱정하지 마요!

참고

ué는 놀람, 경악, 감탄, 때로는 짜증을 표현하기도 하는 감탄사입니다.

대화 TIP

mesmo는 형용사로 쓰일 때 '동일한', '같은'의 의미입니다.

Ele come no **mesmo** restaurante todos os dias.
그는 매일 같은 식당에서 매일 밥을 먹어.

이외에도 mesmo를 이용한 다양한 용법이 있습니다.

mesmo que ~: ~에도 불구하고, ~(이)라 하더라도
Terá jogo, **mesmo que** chova. 비가 오더라도 경기가 있을 것이다.

mesmo assim: 그래도, 그럼에도 불구하고
O restaurante era bom, **mesmo assim** foi muito caro.
그 식당은 좋았지만, 그래도 너무 비쌌다.

새 단어 및 표현

esquecer-se 잊어버리다
completamente 완전히
agora mesmo 방금, 이제 막, 당장
Fique calmo/a! 침착해!
identidade *f.* 신분증
preocupar-se 걱정하다

Com licença. A senhora poderia me dizer onde fica o banco?

Fica no final da praça.

Seu Zé   Com licença. A senhora sabe me dizer onde fica o banco?

Senhora   Fica no final da praça.

Seu Zé   Em qual direção?

Senhora   Vire à esquerda no final da praça. O banco fica logo depois de uma farmácia, se não me engano.

Seu Zé   Muito obrigado pela sua ajuda.

Senhora   De nada, mas acho melhor o senhor se apressar. Sempre tem uma fila enorme no banco.

제 아저씨   실례합니다. 혹시 은행이 어디 있는지 아시나요?

아주머니   광장 끝에 있어요.

제 아저씨   어떤 방향으로요?

아주머니   광장 끝에서 왼쪽으로 도세요. 내가 착각한 게 아니라면 은행은 약국 바로 뒤에 있을 거예요.

제 아저씨   도움 주셔서 고맙습니다.

아주머니   천만에요. 그런데 서두르시는 게 좋을 것 같네요. 은행에는 항상 대기 줄이 길거든요.

대화 TIP

Sabe me dizer onde fica ~?는 '~이/가 어디에 있는지 아시나요?'의 의미로 길을 물을 때 사용하는 표현입니다. 이외에도 아래 표현을 사용하여 길을 물을 수 있습니다.

Poderia me dizer onde fica ~? ~이/가 어디 있는지 말해 주실 수 있나요?
Onde fica/é ~? ~은/는 어디 있나요? / 어디인가요?
Você sabe onde fica ~? ~이/가 어디 있는 줄 아시나요?

새 단어 및 표현

final 끝, 끝의
Em qual direção? 어떤 방향으로?
virar 돌다
logo 바로, 곧
se não me engano 내가 착각한 게 아니라면
apressar-se 서두르다
fila (de espera) f. (대기) 줄
enorme 거대한

도로/길

estrada
f. 도로

rua
f. 길

avenida
f. 대로

ponte
f. 다리

passarela *f.*,
viaduto *m.*
육교

esquina
f. 코너, 길모퉁이

calçada
f. 인도

ponto de ônibus
m. 버스 정류장

estação de metrô
f. 지하철역

semáforo
m. 신호등

ciclovia
f. 자전거 도로

방위, 방향

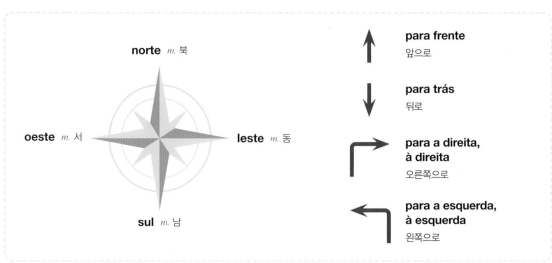

norte *m.* 북

oeste *m.* 서

leste *m.* 동

sul *m.* 남

para frente
앞으로

para trás
뒤로

para a direita,
à direita
오른쪽으로

para a esquerda,
à esquerda
왼쪽으로

방향 지시

Siga em frente.
Vá reto.

직진하세요.

Vire à direita.
Vire à esquerda.

오른쪽/왼쪽으로 도세요.

Atravesse a rua.

길을 건너세요.

Vire na esquina.

코너에서 도세요.

Vire à direita/esquerda no segundo
semáforo.

두 번째 신호등에서 오른쪽/왼쪽으로 가세요.

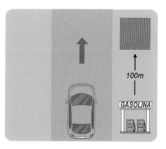

Fica a 100m do posto de gasolina.

주유소 100m 앞이에요.

문법

1 동사 원형을 보기 와 같이 명령 구문으로 바꾸세요.

	직설법 현재	접속법 현재
보기 *Sentar* aqui.	Senta aqui.	Sente aqui.
(1) *Ligar* agora.	_____	_____
(2) *Fazer* a lição de casa.	_____	_____
(3) Não *falar* nada para ela.	_____	_____

2 각 그림에 해당하는 문장을 고르세요.

(1)

 •

• ① Puxe. / Empurre.

(2)

 •

• ② Tome cuidado.

(3)

  •

• ③ Não jogue lixo no chão.

★ puxar 끌다, 당기다 ｜ empurrar 밀다 ｜ tomar cuidado 주의하다, 조심하다

3 빈칸에 알맞은 접속사를 넣어 문장을 완성하세요.

ou	mas	porque

(1) Eu fui promovido, _____ o meu salário continua o mesmo.

(2) Eu tranquei a matrícula _____ não recebi bolsa de estudos.

(3) Corra _____ você vai perder o trem.

듣기 ● 녹음을 듣고 질문에 답하세요.

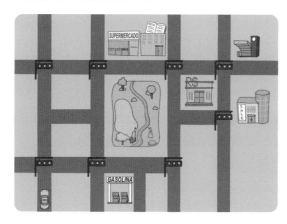

(1) 지시를 따라가면 도달하는 목적지를 고르세요.

① 서점　　　② 백화점　　　③ 주유소　　　④ 지하철 역

(2) 마지막 지시가 "Depois, vire à direita."일 경우 도달하는 목적지를 쓰세요.

_____

읽기 ● 빈칸에 주어진 동사를 접속법 현재로 활용하여 레시피를 완성하세요.

Brigadeiro

Ingredientes 재료
manteiga: 1 colher de sopa 버터: 1큰술
leite condensado: 1 lata 연유: 1캔
chocolate em pó: 4 colheres de sopa 초콜릿 파우더: 4큰술
chocolate granulado: 1 pacote 초콜릿 스프링클: 1팩

Modo de preparo 만드는 방법

1. Aqueça a panela.

2. (1) _____ (Adicionar) 1 colher de sopa de manteiga.

3. Coloque todo o leite condensado e depois 4 colheres de sopa de chocolate em pó. (2) _____ (Mexer) sem parar.

4. (3) _____ (Retirar) a mistura da panela e (4) _____ (fazer) pequenas bolas com a mão. (5) _____ (Passar) as bolas no chocolate granulado.

★ aquecer 데우다 | panela f. 냄비 | adicionar 첨가하다 | mexer 만지다, 섞다 | retirar 빼다 | mistura f. 반죽 |
bola f. 공, 공 모양

브라질 빈부 격차의 상징, 파벨라(Favela)

브라질 도시 곳곳에 파벨라가 형성되어 있습니다. 그러다 보니 여행을 하면서
한번쯤은 지나가기 마련입니다. 파벨라는 '빈민촌' 또는 '판자촌'으로 번역되곤 하지만
브라질에서 갖는 의미와 상징성은 그 이상으로 매우 큽니다.

1897년 카누두스 전쟁이 끝난 후 갈 곳 없던 2만 명의 병사들과 가족이 리우데자네이루 근교에 위치한
모후 다 프로비덴시아Morro da Providência에 모여 산 것이 파벨라의 시초였습니다. 19세기 해방된 노예들
이 일을 찾아 도시로 이주하며 파벨라를 형성하기 시작했습니다. 이후 정부와 주류 사회로부터 외면당하
며 방치되어 점차 체계를 갖추고 거대한 조직으로 변했습니다. 이제는 단순히 극빈곤층이 거주하는 지역
을 넘어서 강도, 마피아, 갱단들이 조직적으로 움직이며 마약과 불법 무기들을 거래하는 지역이 되었습니
다. 파벨라는 부촌 근처에 자리잡고 있어 파벨라에 거주하는 남자들은 경비원, 버
스 운전사, 배달원 등으로 부촌과 도심으로 출근하고, 여자들은 가사 도우미, 청소
원 등으로 부촌의 아파트 및 주택으로 출근합니다. 이곳에서 살아가는 남자아이들
은 축구 선수가, 여자아이들은 모델이 되어 신분 상승하는 꿈을 꿉니다. 세계적인
축구 선수 펠레, 히바우두, 네이마르를 비롯해 2016년 올림픽 유도 금메달리스트
하파엘라 실바도 파벨라 출신입니다.

세계에서 두 번째로 빈부의 격차가 심한 브라질의 현실을 보여 주는 파벨라
는 다양한 예술 작품의 주제가 되곤 합니다. 특히 브라질 작가들의 화폭에 자
주 등장하는데 화가들은 자신만의 예술 감각을 녹여 알록달록한 파벨라를
그려냅니다. 2002년 오스카상 후보에 오른 브라질 영화 'Cidade de Deus
(신의 도시)'도 이런 파벨라의 현실을 잘 담고 있습니다. 요즘은 빈곤에 대한
인식을 깨우치며 브라질 문화에 대한 이해를 높이기 위한 파벨라 투어 상품
이 등장하는 등 파벨라는 이제 브라질의 상징으로 여겨지고 있습니다.

Tomara que sim.

동영상 강의

- 접속법 현재 기타 용법

- 접속법 불완전 과거

- 가정문 만들기

Tomara que eu ganhe!
내가 당첨되길!

Pare de sonhar!
꿈 깨요!

● 접속법 현재 기타 용법

접속법 현재는 원함, 요구, 의심, 감정, 주관 등을 표현할 때 사용합니다. 주로 이러한 내용을 표현하는 주절의 종속절에 나타납니다.

원함, 희망, 기원

Creio que		~라고 믿다/생각하다
Quero que	+ 접속법 현재	~길 원하다
Espero que		~길 기대하다/바라다
Tomara que		~길 바라다

Espero que você goste. 당신이 좋아하길 바라요.

Creio que obteremos um bom resultado. 우리가 좋은 결과를 얻을 거라 믿어요.

의심, 의문

Duvido que		~라는 것이 의심스럽다, ~라고 생각하지 않는다 (강한 부정)
Talvez	+ 접속법 현재	아마, 어쩌면, 혹시
Não acho que		~라고 생각하지 않는다

Duvido que ele estude. 그가 공부할 것이라고 절대 생각하지 않아요.

Talvez ele saiba a resposta. 어쩌면 그가 답을 알고 있을지도 모르죠.

비인칭 구문 (주관적인 표현)

É possível que		~이/가 가능하다, ~할 수도 있다
É provável que		~이/가 유력하다, ~인 것 같다
É importante que	+ 접속법 현재	~이/가 중요하다
É necessário que		~이/가 필요하다

É possível que ela volte. 그녀가 돌아올 수도 있어요. (가능성이 있어요.)

É bem **provável que** ele receba o Oscar de melhor ator. 그가 오스카 남우 주연상을 받을 게 매우 유력해요.

Se eu fosse um milionário, eu iria viajar pelo mundo inteiro.
내가 억만장자였다면, 전 세계를 여행했을 거예요.

Eu compraria uma mansão.
난 대저택을 샀을 거예요.

● 접속법 불완전 과거

접속법 불완전 과거는 주절의 동사가 과거 시제(직설법 완전 과거, 불완전 과거, 과거 미래 등)일 경우 사용됩니다. 용법은 접속법 현재와 마찬가지로 소망, 의심, 불확실, 권고, 부정, 희망, 제안 등의 의미를 가집니다. 접속법 불완전 과거의 형태는 다음과 같습니다.

규칙 동사

	-ar 동사: Falar	-er 동사: Beber	-ir 동사: Partir
eu	falasse	bebesse	partisse
você, ele, ela	falasse	bebesse	partisse
nós	falássemos	bebêssemos	partíssemos
vocês, eles, elas	falassem	bebessem	partissem

불규칙 동사

	Ser, Ir	Poder	Fazer	Ter
eu	fosse	pudesse	fizesse	tivesse
você, ele, ela	fosse	pudesse	fizesse	tivesse
nós	fôssemos	pudéssemos	fizéssemos	tivéssemos
vocês, eles, elas	fossem	pudessem	fizessem	tivessem

Queria que você me **dissesse** a verdade. 당신이 나에게 사실을 말해 주길 바랐어요.

동사 변화 p. 232 참조

Não achava que **fosse** possível. 가능하리라고 생각하지 않았어.

● 가정문 만들기

가정문은 'se + 접속법 불완전 과거' 구문을 종속절로, 과거 미래 구문을 주절로 둡니다. 여기서 se는 '만약'을 뜻하는 단어입니다.

> **se + (주어) + 접속법 불완전 과거** ~, **(주어) + 직설법 과거 미래**   만일 ~라면, ~할 텐데

Se eu **tivesse** tempo, **leria** todoa os livros desta biblioteca.
내가 시간이 있었더라면, 이 도서관의 모든 책을 읽을 텐데.

Se você **fosse** mais velho, **poderia** beber. 네가 나이가 더 많았더라면, (술을) 마실 수 있을 텐데.

Tomara que sim.

Tenho certeza que você vai chegar a tempo.

Daniel	Eu tenho uma entrevista de emprego numa empresa de eletrodomésticos à tarde.
Gina	E você está nervoso?
Daniel	Na verdade não. Só estou preocupado com o trânsito.
Gina	A que horas é a entrevista?
Daniel	Está marcada para as duas horas.
Gina	Então é tranquilo. Duvido que tenha trânsito a esse horário. Tenho certeza que você vai chegar a tempo.
Daniel	Tomara que sim.

다니엘	나 오후에 가전제품 회사 면접 있어.
진아	그래서 긴장되니?
다니엘	사실 긴장은 안 돼. 차가 막힐까 봐 걱정될 뿐이야.
진아	면접이 몇 시야?
다니엘	면접은 2시로 잡혀 있어.
진아	그러면 괜찮아. 그 시간에 막힐 리 없어. 제시간에 도착할 거라 확신해.
다니엘	그랬으면 좋겠다.

새 단어 및 표현

entrevista de emprego
f. 취업 면접

eletrodomésticos *m.* 가전제품

nervoso/a 긴장된

Está marcado/a para
~(으)로 약속되어 있다, 일정이 잡혀 있다

tranquilo/a 평온한

É tranquilo. 문제없다., 괜찮다.

chegar a tempo 시간 내 도착하다

Tomara que sim. 그랬으면 좋겠다.

 대화 TIP

ter certeza (de) que는 '확신을 갖다'라는 표현입니다.

Você **tem certeza** disso? 그거 확실해요?
Eu **tenho certeza** que é aqui. 여기인 게 확실해요.
Não **tenho certeza**, mas acho que esse é o livro.
확신은 없지만 이 책인 것 같아요.

216

Será que vou conseguir achar de volta?

Duvido que isso aconteça.

Daniel	Perdi o meu celular durante a viagem.
Adriana	Mentira! Onde?
Daniel	Acho que foi furtado. Será que vou conseguir achar de volta?
Adriana	Duvido que isso aconteça. Se fosse eu, bloquearia o celular na mesma hora.
Daniel	Como?
Adriana	Vá a uma delegacia e faça um Boletim de Ocorrência. Depois ligue para a sua operadora e o bloqueie. Eles vão pedir o número do BO.
Daniel	Obrigado. Espero que dê tudo certo.

다니엘	여행 중에 핸드폰 잃어버렸어요.
아드리아나	말도 안 돼! 어디서요?
다니엘	도난당한 것 같아요. 다시 찾을 수 있을까요?
아드리아나	그런 일은 없을 것 같아요. 나라면, 당장에 핸드폰을 차단할 거예요.
다니엘	어떻게요?
아드리아나	경찰서에 가서 사건 경위서를 작성해요. 그 다음에 통신사에 전화해서 차단해요. 사건 경위서 번호를 요청할 거예요.
다니엘	고마워요. 다 잘 됐으면 좋겠네요.

대화 TIP

- **Será que ~?**는 '~일까?'라는 뜻의 추측 표현입니다.
  Será que ele é o professor Choi? 저 남자가 최 교수님일까?
  Será que vai chover amanhã? 내일 비 올까?
- **Será?**는 단독으로 쓰일 경우 '과연 그럴까?'의 표현입니다.

새 단어 및 표현

Mentira! 거짓말!, 말도 안 돼!
furtado/a 도난당한
conseguir 해내다
bloquear 차단하다
delegacia *f.* 경찰서
Boletim de Ocorrência (BO) *m.* 사건 경위서
operadora *f.* 통신사

가전제품

televisão
f. TV

computador
m. 컴퓨터

notebook, laptop
m. 노트북

impressora
f. 프린터

celular
m. 핸드폰

carregador
m. 충전기

microondas
f. 전자레인지

forno
m. 오븐

geladeira
f. 냉장고

ar condicionado
m. 에어컨

câmera
f. 카메라

máquina de lavar
f. 세탁기

fogão
m. 가스레인지

ventilador
m. 선풍기

torradeira
f. 토스터기

panela elétrica de arroz
f. 전기밥솥

liquidificador
m. 블렌더

batedeira
f. 믹서기

응급 상황 발생 시

O que aconteceu?

Fui furtado.

A 무슨 일이 발생했나요?
B 도난당했어요.

B의 기타 표현

Fui roubado. 강도당했어요.

Chame a polícia!

Chame a ambulância!

A 경찰 부르세요!
B 응급차 부르세요!

A, B의 기타 표현

Chame o seguro. 보험 회사 부르세요.
Chame a emergência.
응급차 부르세요.
Chame um médico! 의사를 부르세요!

Cuidado!

Socorro!

A 조심해!
B 도와줘! 사람 살려!

B의 기타 표현

Ajude-me, por favor!
저 좀 제발 도와주세요!
Preciso de ajuda! 도움이 필요해요!

문법

1　주어진 동사를 접속법 현재 시제로 바꿔 문장을 완성하세요.

(1) Quero que vocês _____ (estudar).

(2) Espero que ela _____ (gostar).

(3) Talvez ele _____ (quer) comer mais.

(4) Duvido que a senhora me _____ (entender).

(5) É possível que _____ (chover) à tarde.

2　주어진 동사를 접속법 불완전 과거 시제로 바꿔 문장을 완성하세요.

(1) Ele nos pediu que _____ (voltar) cedo.

(2) Era importante que você _____ (descansar).

(3) Nós queríamos que os convidados _____ (chegar) cedo.

(4) Meu chefe queria que eu _____ (ir) na viagem de negócios.

(5) Todos duvidaram que ele _____ (parar) de fumar.

★ convidado *m.* 초대 받은 사람

3　주어진 동사를 알맞은 시제로 바꿔 가정법 문장을 완성하세요.

(1) Se ele _____ (falar) mais devagar, eu entenderia.

(2) Se eu tivesse tempo livre, eu _____ (viajar) pelo mundo.

(3) Se nós _____ (fazer) mais exercícios, estaríamos mais saudáveis.

(4) Você _____ (entender) a situação se estivesse aqui.

(5) _____ (ser) muito bom se tivesse cura para câncer.

★ saudável 건강한 | cura *f.* 치료(제)

● 녹음을 듣고 제시된 상황 순서대로 번호를 쓰세요.

106

(　　　) (　　　) (　　　)

읽기

● 다음 글을 읽고 질문에 답하세요.

ⓐ ＿＿＿＿＿＿＿＿＿! Obrigado por sempre estar ao meu lado. Saiba que eu te amo, e estarei sempre aqui para você, nos momentos de tristeza ou de alegria. ⓑ <u>Desejo que</u> você seja sempre feliz. Que nunca lhe ⓒ <u>tenha</u> amor, paz e saúde! ⓓ ＿＿＿＿＿＿＿＿＿!

Beijos, Daniel

(1) 다음 중 ⓑ를 대체할 수 없는 것을 고르세요.

① Espero que　　　　② Duvido que

③ Quero que　　　　④ Tomara que

(2) ⓒ를 문맥에 맞게 고치세요.

① falte　　　　② seja

③ esteja　　　　④ fique

(3) ⓐ와 ⓓ에 알맞은 표현을 고르세요.

① ⓐ Melhoras!　　　　ⓓ Feliz Ano Novo!

② ⓐ Feliz Natal!　　　　ⓓ Parabéns para você!

③ ⓐ Feliz aniversário!　　　　ⓓ Fica bem logo!

④ ⓐ Hoje é o seu dia!　　　　ⓓ Feliz aniversário!

★ momento *m.* 순간 | paz *f.* 평화 | faltar 부족하다 | Melhoras! 쾌차하세요!

CARNIVAL

브라질 카니발과 카니발의 다양한 행사들

세계 3대 축제 중 하나인 리우 카니발은 매년 2월 말에서 3월 초 사이 5일간 열리는 성대한 축제의 장입니다. 이 기간 동안 매년 전 세계에서 10만 명 이상의 여행객들이 리우데자네이루에 모여듭니다. 원래 카니발은 가톨릭 국가에서 부활 주일 40일 전 금욕 기간인 사순절을 앞두고 즐기는 축제였습니다. 식민지 시대에 포르투갈과 기타 유럽 이주민들과 함께 건너온 문화에 아프리카 노예들의 음악과 춤이 어우러지며 점차 발전하여 오늘날의 카니발 축제 형태로 자리잡게 되었습니다.

카니발의 다양한 행사들

모모 왕(Rei Momo)의 즉위식

'카니발의 왕'이라 불리는 모모 왕의 즉위식으로 카니발 축제가 본격적으로 시작됩니다. 모모 왕은 그리스 신화의 조롱의 신, 모무스를 바탕으로 만들어진 인물로 다른 신들을 조롱하다가 올림푸스에서 추방되어 리우데자네이루에 오게 되었다고 합니다. 리우데자네이루의 시장이 시의 문을 여는 금색이나 은색 열쇠를 모모왕에게 전달하는데, 축제 기간 동안 도시를 지배할 권리를 넘긴다는 의미를 갖고 있습니다. 이러한 풍습은 1910년부터 시작되었으며 키가 크고 뚱뚱한 사람이 모모 왕의 역할을 맡게 되어 있습니다. 또한 매해 개최되는 미인 대회를 통해 미모와 삼바 실력을 겸비한 카니발의 여왕(1위)과 두 명의 공주(2위, 3위)를 뽑습니다.

가면 무도회와 길거리 축제

리우의 전역에서 열리는 길거리 축제는 서로 다른 테마를 가진 587개의 블로꾸bloco(삼바 학교와 유사한 형태로 개인이 모여 자유롭게 조직하는 카니발 행진 그룹)들이 주도합니다. 입장권을 구매해야만 볼 수 있는 삼바 스쿨 퍼레이드와 달리, 블로꾸들의 거리 행진에는 울타리가 없어 누구나 자유롭게 참여할 수 있습니다. 또한 축제 기간 동안 몇 백 명으로 이루어진 밴드, 가수, 오케스트라가 리우의 거리를 돌아다니며 축제에 참가한 사람들의 흥을 돋웁니다.

부록

CPLP(Comunidade dos Países de Língua Portuguesa)는 '포르투갈어 사용국 공동체'란 의미로 포르투갈어를 공용어로 정한 국가들의 기구입니다.

Angola

면적: 1,246,700㎢
인구: 약 35,589,000명
수도: 루안다
화폐: 콴자 (Kz)
공식 언어: 포르투갈어
GDP: 725억$

Moçambique

면적: 799,380㎢
인구: 약 32,970,000명
수도: 마푸투
화폐: 메티칼 (MZM)
공식 언어: 포르투갈어, 스와힐리어
GDP: 160억$

Brasil

면적: 8,515,770㎢
인구: 약 215,314,000명
수도: 브라질리아
화폐: 헤알 (BRL)
공식 언어: 포르투갈어
GDP: 1조 6,089억$

Portugal

면적: 92,090㎢
인구: 약 10,271,000명
수도: 리스본
화폐: 유로 (EUR)
공식 언어: 포르투갈어
GDP: 2,489억$

Cabo Verde

면적: 4,033㎢
인구: 약 593,000명
수도: 프라이아
화폐: 에스쿠도 (CVE)
공식 언어: 포르투갈어
GDP: 19억$

São Tomé e Príncipe

면적: 964㎢
인구: 약 227,000명
수도: 상투메
화폐: 도브라 (STD)
공식 언어: 포르투갈어
GDP: 5억$

Guiné-Bissau

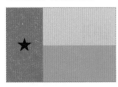

면적: 36,125㎢
인구: 약 2,106,000명
수도: 비사우
화폐: CFA 프랑
(CFAF: 아프리카 공동재정 프랑)
공식 언어: 포르투갈어
GDP: 16억$

Timor-Leste

면적: 14,874㎢
인구: 약 1,369,000명
수도: 딜리
화폐: US 달러 (USD)
공식 언어: 포르투갈어, 테툼어
GDP: 19억$

Guiné Equatorial

면적: 28,051㎢
인구: 약 1,675,000명
수도: 말라보
화폐: CFA 프랑
(CFAF: 아프리카 공동재정 프랑)
공식 언어: 포르투갈어, 스페인어, 프랑스어
GDP: 122억$

1 과

정관사 용법

(1) 특정화할 때
이미 알고 있거나 앞서 언급된 특정한 명사 앞에 쓰입니다.

> Eu gosto de cachorro(s). 나는 강아지를 좋아합니다. (특정 강아지가 아닌 동물 종을 의미)
> Eu gosto do cachorro. 나는 그 강아지를 좋아합니다. (앞서 언급된 강아지)

(2) 사람 이름
사람 이름 앞에서 정관사를 사용하는 지역(상파울루 등)과 사용하지 않는 지역(북동부 등)이 있습니다. 또한 사람 이름 앞에 정관사를 사용하면 친근함을 나타낼 수 있습니다.

> Eu falei com o Paulo. (상파울루: 친한 사람)
> Eu falei com Paulo. (북동부: 친분이 없는 사람)

누구나 알 법한 유명한 사람의 이름 앞이나 풀네임 앞에는 정관사를 생략합니다. 또한, 신문이나 방송 등 언론에서도 인명 앞에는 정관사를 주로 생략합니다.

> Pelé fala sobre racismo. 펠레가 인종 차별에 대해 말합니다.
> Maria Luísa Santos é a nova diretora da marca. 마리아 루이자 산토스가 그 브랜드의 새로운 디렉터입니다.

(3) 소유사 앞
소유사 앞에서는 정관사를 사용해도 되고 사용하지 않아도 됩니다.

> Esta é a minha casa. = Esta é minha casa. 이 집이 내 집입니다.

다만 앞서 언급됐던 명사가 생략된 경우, 소유사 앞에 정관사가 의무적으로 나옵니다.

> Seu carro é maior que o meu (carro). 당신의 차가 내 (차)보다 큽니다.

(4) 시간
시간 앞에는 정관사를 반드시 써야 합니다.

> A reunião está marcada para as duas horas. 회의는 2시입니다.
> Trabalhamos das 9h às 18h. 우리는 9시에서 18시까지 일합니다.

> **주의**
> 시간 앞에서 정관사를 사용하지 않을 경우, 의미가 다르게 변할 수 있습니다.
> Trabalhamos de 9 horas a 18 horas.
> 우리는 9시간에서 18시간 일합니다.

(5) 열거

여러 개의 명사를 열거하는 경우, 정관사를 수반하는 각 명사마다 정관사를 모두 사용해야 합니다.

Eu vou a Portugal, ao Brasil e à Argentina. 저는 포르투갈과 브라질과 아르헨티나에 갑니다.

3과

Qual 외 다른 의문사를 활용하여 신상에 대해 질문하기

	의문사 Qual	기타 의문사
이름	Qual é o seu nome?	Como você se chama? 당신의 이름은 무엇입니까?
나이	Qual é a sua idade?	Quantos anos você tem? 당신은 몇 살입니까?
직업	Qual é a sua profissão?	O que você faz? 당신의 직업은 무엇입니까?
국적	Qual é a sua nacionalidade?	De onde você é? 당신의 국적은 어디입니까? / 어디 출신입니까?
주소	Qual é o seu endereço?	Onde você mora? 당신의 주소가 무엇입니까? / 당신은 어디 사나요?

4과

숫자

1.000	mil
1.500	mil e quinhentos
2.000	dois mil
10.000	dez mil
100.000	cem mil
1.000.000	um milhão
1.000.000.000	um bilhão
1.000.000.000.000	um trilhão

① mil은 복수형이 없습니다.

dois mils (×) → dois mil (○)

② milhão, bilhão, trilhão의 복수형은 milhões, bilhões, trilhões입니다.

2.000.000.000 dois bilhões

③ 소수점은 vírgula(쉼표)로 읽습니다.

0,5 zero vírgula cinco

④ 분수는 분자를 기수로 말하며 분모를 서수로 말합니다. 분자가 복수일 경우 분모를 복수로 표현합니다.

1/3 um terço

2/5 dois quintos

⑤ 퍼센트는 por cento로 표현합니다.

100% cem por cento

50% cinquenta por cento

⑥ 가감승제는 다음과 같이 표현합니다.

+ mais 더하기　　　　　　 − menos 빼기

× vezes 곱하기　　　　 ÷ dividido por 나누기 (= é igual a, é)

1 + 1 = 2 um mais um é igual a dois

2 × 12 = 24 dois vezes doze é vinte e quatro

13 과

기타 전치사

(1) com: ~와/과 함께, 같이

Vou falar com ele hoje. 오늘 그와 얘기할 거예요.

(2) sem: ~없이, 빼고

Estou sem tempo. 난 (현재) 시간이 없어요.
Não podemos partir sem ele. 그를 빼놓고 우리끼리 떠나면 안 돼요.
Ele partiu sem falar comigo. 그는 나와 얘기를 하지 않고 떠났어요.

(3) até: ~까지

Eu vou até a Estação Butantã. 나는 부땅따 역까지 가요.
Preciso chegar até as 5 horas. 5시까지 도착해야 해요.
Vou ficar no Brasil até o próximo ano. 나는 내년까지 브라질에 있을 거예요.

(4) de ~ até ~: ~에서 ~까지

Vou viajar de trem de Lisboa até Roma. 나는 리스본에서 로마까지 기차를 타고 여행할 거예요.

(5) durante: ~동안

Ele ficou em casa durante as férias. 그는 휴가 동안 집에 있었습니다.
Ela dormiu durante 9 horas. 그녀는 9시간 동안 잤습니다.

(6) entre: ~사이, 가운데

A padaria fica entre os prédios. 빵집은 건물 사이에 있습니다.
Ele é o mais velho entre os alunos. 그는 학생 중 가장 나이가 많습니다.

(7) sobre: ~에 대해

O filme é sobre a Primeira Guerra Mundial. 영화는 1차 세계 대전에 대한 영화입니다.

(8) desde: ~부터

Estou estudando português desde abril. 저는 4월부터 포르투갈어를 공부하고 있습니다.

전치사 a, de, em, por과 정관사의 결합 형태

	a	de	em	por
o	ao	do	no	pelo
a	à	da	na	pela
os	aos	dos	nos	pelos
as	às	das	nas	pelas

혼동되는 문법 사항

① 자주 틀리는 표현

	✕	○
전치사 de의 사용	inglês professora português livro	professora de inglês 영어 선생님 livro de português 포르투갈어 책
전치사 em의 사용 (장소)	Eu moro Coreia.	Eu moro na Coreia. 나는 한국에 거주합니다.
전치사 em의 사용 (시간)	Ele vai partir à terça. ao domingo.	Ele vai partir na terça. 그는 화요일에 떠납니다. no domingo. 일요일에
'놀다/놀아 주다' 동사	Eu jogo meus filhos. * Jogar 동사는 단독으로 쓰이면 '던지다'의 의미입니다. 'Jogar + 스포츠/게임'과 혼동하지 않게 주의하세요.	Eu brinco com meus filhos. 나는 자녀들과 놀아 줍니다. Eu jogo futebol com meus filhos. 나는 자녀들과 축구를 합니다.
'~할 줄 알다' 표현	Ele pode falar português bem.	Ele sabe falar português bem. 그는 포르투갈어를 매우 잘 합니다.
소문자/대문자	Eu sou Coreano. Eu falo Coreano.	Eu sou coreano. 나는 한국인입니다. Eu falo coreano. 나는 한국어를 구사합니다.

② 문어체와 구어체 비교

	문어체	구어체
Ir 동사 + 전치사	Ir 동사 + para/a Eu vou para a festa. 나는 파티에 갑니다.	Ir 동사 + em Eu vou na festa. 나는 파티에 가요.
발음이 축약되거나 다른 표현을 쓰는 경우	está para nós	tá pra a gente
'~이/가 있다' 표현	Há (Haver 동사 사용) Há muitas árvores. 나무가 많이 있습니다. Há 3 meses. 3개월 됐습니다. / 3개월 전에.	Tem, Faz (Ter 동사 및 Fazer 동사 사용) Tem muitas árvores. 나무가 많이 있어요. Faz 3 meses. 3개월 됐어요.
명령 구문	접속법 현재 Faça! 하십시오!	직설법 현재 Faz! 하세요!
목적격 대명사의 위치	동사 + 목적격 대명사(하이픈으로 연결) Amo-te. 사랑합니다.	목적격 대명사가 주어 없이도 동사 앞에 위치 Te amo. 사랑해요.

1 bem vs. bom

	품사	의미
bom/boa/bons/boas	형용사	좋은, 선한
bem	부사	잘
	형용사	많이, 매우 (= muito)

Ele é um bom homem. 그는 좋은 사람이다.

Ele cozinha bem. 그는 요리를 잘한다.

Estou bem decepcionado. 나는 매우 실망한 상태다.

2 meio

형용사로 쓰이면 meio/a/os/as와 같이 명사의 성과 수에 맞춰 어미 변화하며 '절반'이라는 뜻입니다. 부사로 쓰일 경우 '약간', '다소'의 의미입니다.

Comi meia maçã. 나는 사과 반쪽을 먹었다.

Ele está meio deprimido hoje. 그는 오늘 다소 우울한 상태다.

3 manhã, tarde, noite

	명사	시간을 나타내는 부사구	시간 (a.m./p.m.)
manhã	아침	de manhã 아침에 à manhã (X)	6h da manhã 오전 6시
tarde	낮	de/à tarde 낮에	3h da tarde 낮 3시
noite	저녁	de/à noite 저녁에	10h da noite 저녁 10시

Eu acordei à tarde. 나는 낮에 깼다.

Eu acordei às 3 horas da tarde. 나는 오후 3시에 깼다.

4 porque vs. por causa de

> porque + 절: 왜냐하면
> por causa de + 명사: ~때문에

Vou para casa porque estou doente. 나는 아파서 집에 간다.

Estou doente por causa da gripe. 나는 감기 때문에 아프다.

5 só

só는 품사에 따라 두 가지 의미가 있습니다. 먼저 형용사로 쓰일 경우 '혼자', '홀로'의 의미이며 sozinho/a/os/as 와 같습니다. 부사로 쓰일 경우 '오직'이라는 뜻이며 somente 혹은 apenas로 바꿔 쓸 수 있습니다.

A menina sempre come só. 여자아이는 항상 혼자 밥을 먹는다.

　　　　　　(= sozinha)

A menina come só arroz. 여자아이는 오직 밥만 먹는다.

　　　　　　(= somente, apenas)

6 demais

demais는 형태는 한 가지지만, 부사와 형용사로 쓰입니다. 부사로 쓰일 경우 '지나치게'라는 뜻이고, 형용사로 쓰이면 '기타', '그 외'를 의미입니다.

Ela come demais. 그녀는 지나치게 많이 먹는다.

As demais meninas não comem tanto. 다른 여자아이들은 그만큼 먹지 않는다.

7 atrás vs. antes

두 단어 모두 '~전(에)'을 의미하지만 '시간 단위 + atrás'는 '현 시점으로부터 ~전'을 의미하며, '시간 단위 + antes'는 '기준 시점으로부터 ~전'을 의미합니다.

A reunião começou 10 minutos atrás. 회의는 (지금으로부터) 10분 전에 시작했다.

A reunião começou 10 minutos antes. 회의는 10분 전에 (일찍) 시작했다.

규칙 동사

동사		인칭	직설법		
			현재	완전 과거	불완전 과거
-ar 동사	**falar** 말하다	eu	falo	falei	falava
		tu	falas	falaste	falavas
		você,ele,ela	fala	falou	falava
		nós	falamos	falamos	falávamos
		vós	falais	falastes	faláveis
		vocês,eles,elas	falam	falaram	falavam
-er 동사	**beber** 마시다	eu	bebo	bebi	bebia
		tu	bebes	bebeste	bebias
		você,ele,ela	bebe	bebeu	bebia
		nós	bebemos	bebemos	bebíamos
		vós	bebeis	bebestes	bebíeis
		vocês,eles,elas	bebem	beberam	bebiam
-ir 동사	**partir** 떠나다	eu	parto	parti	partia
		tu	partes	partiste	partias
		você,ele,ela	parte	partiu	partia
		nós	partimos	partimos	partíamos
		vós	partis	partistes	partíeis
		vocês,eles,elas	partem	partiram	partiam

불규칙 동사

동사		인칭	직설법		
			현재	완전 과거	불완전 과거
	ser ~이다	eu	sou	fui	era
		tu	és	foste	eras
		você,ele,ela	é	foi	era
		nós	somos	fomos	éramos
		vós	sois	fostes	éreis
		vocês,eles,elas	são	foram	eram
	estar ~이다	eu	estou	estive	estava
		tu	estás	estiveste	estavas
		você,ele,ela	está	esteve	estava
		nós	estamos	estivemos	estávamos
		vós	estais	estivestes	estáveis
		vocês,eles,elas	estão	estiveram	estavam
	ir 가다	eu	vou	fui	ia
		tu	vais	foste	ias
		você,ele,ela	vai	foi	ia
		nós	vamos	fomos	íamos
		vós	ides	fostes	íeis
		vocês,eles,elas	vão	foram	iam

직설법		접속법		
미래	과거 미래	현재	불완전 과거	인칭 부정사
falarei	falaria	fale	falasse	falar
falarás	falarias	fales	falasses	falares
falará	falaria	fale	falasse	falar
falaremos	falaríamos	falemos	falássemos	falarmos
falareis	falaríeis	faleis	falásseis	falardes
falarão	falariam	falem	falassem	falarem
beberei	beberia	beba	bebesse	beber
beberás	beberias	bebas	bebesses	beberes
beberá	beberia	beba	bebesse	beber
beberemos	beberíamos	bebamos	bebêssemos	bebermos
bebereis	beberíeis	bebais	bebêsseis	beberdes
beberão	beberiam	bebam	bebessem	beberem
partirei	partiria	parta	partisse	partir
partirás	partirias	partas	partisses	partires
partirá	partiria	parta	partisse	partir
partiremos	partiríamos	partamos	partíssemos	partirmos
partireis	partiríeis	partais	partísseis	partirdes
partirão	partiriam	partam	partissem	partirem

직설법		접속법		
미래	과거 미래	현재	불완전 과거	인칭 부정사
serei	seria	seja	fosse	ser
serás	serias	sejas	fosses	seres
será	seria	seja	fosse	ser
seremos	seríamos	sejamos	fôssemos	sermos
sereis	seríeis	sejais	fôsseis	serdes
serão	seriam	sejam	fossem	serem
estarei	estaria	esteja	estivesse	estar
estarás	estarias	estejas	estivesses	estares
estará	estaria	esteja	estivesse	estar
estaremos	estaríamos	estejamos	estivéssemos	estarmos
estareis	estaríeis	estejais	estivésseis	estardes
estarão	estariam	estejam	estivessem	estarem
irei	iria	vá	fosse	ir
irás	irias	vás	fosses	ires
irá	iria	vá	fosse	ir
iremos	iríamos	vamos	fôssemos	irmos
ireis	iríeis	vades	fôsseis	irdes
irão	iriam	vão	fossem	irem

동사	인칭	직설법		
		현재	완전 과거	불완전 과거
ter 갖다	eu	tenho	tive	tinha
	tu	tens	tiveste	tinhas
	você,ele,ela	tem	teve	tinha
	nós	temos	tivemos	tínhamos
	vós	tendes	tivestes	tínheis
	vocês,eles,elas	têm	tiveram	tinham
fazer 하다	eu	faço	fiz	fazia
	tu	fazes	fizeste	fazias
	você,ele,ela	faz	fez	fazia
	nós	fazemos	fizemos	fazíamos
	vós	fazeis	fizestes	fazíeis
	vocês,eles,elas	fazem	fizeram	faziam
dar 주다	eu	dou	dei	dava
	tu	dás	deste	davas
	você,ele,ela	dá	deu	dava
	nós	damos	demos	dávamos
	vós	dais	destes	dáveis
	vocês,eles,elas	dão	deram	davam
poder 할 수 있다	eu	posso	pude	podia
	tu	podes	pudeste	podias
	você,ele,ela	pode	pôde	podia
	nós	podemos	pudemos	podíamos
	vós	podeis	pudestes	podíeis
	vocês,eles,elas	podem	puderam	podiam
querer 원하다	eu	quero	quis	queria
	tu	queres	quiseste	querias
	você,ele,ela	quer	quis	queria
	nós	queremos	quisemos	queríamos
	vós	quereis	quisestes	queríeis
	vocês,eles,elas	querem	quiseram	queriam
saber 알다	eu	sei	soube	sabia
	tu	sabes	soubeste	sabias
	você,ele,ela	sabe	soube	sabia
	nós	sabemos	soubemos	sabíamos
	vós	sabeis	soubestes	sabíeis
	vocês,eles,elas	sabem	souberam	sabiam
dizer 말하다	eu	digo	disse	dizia
	tu	dizes	disseste	dizias
	você,ele,ela	diz	disse	dizia
	nós	dizemos	dissemos	dizíamos
	vós	dizeis	dissestes	dizíeis
	vocês,eles,elas	dizem	disseram	diziam
sentir 느끼다 *preferir (선호하다), mentir (거짓말하다), seguir (따르다), conseguir (이루다)	eu	sinto	senti	sentia
	tu	sentes	sentiste	sentias
	você,ele,ela	sente	sentiu	sentia
	nós	sentimos	sentimos	sentíamos
	vós	sentis	sentistes	sentíeis
	vocês,eles,elas	sentem	sentiram	sentiam

*대표 동사와 비슷하게 변화하는 동사들입니다.

직설법		접속법		
미래	과거 미래	현재	불완전 과거	인칭 부정사
terei	teria	tenha	tivesse	ter
terás	terias	tenhas	tivesses	teres
terá	teria	tenha	tivesse	ter
teremos	teríamos	tenhamos	tivéssemos	termos
tereis	teríeis	tenhais	tivésseis	terdes
terão	teriam	tenham	tivessem	terem
farei	faria	faça	fizesse	fazer
farás	farias	faças	fizesses	fazeres
fará	faria	faça	fizesse	fazer
faremos	faríamos	façamos	fizéssemos	fazermos
fareis	faríeis	façais	fizésseis	fazerdes
farão	fariam	façam	fizessem	fazerem
darei	daria	dê	desse	dar
darás	darias	dês	desses	dares
dará	daria	dê	desse	dar
daremos	daríamos	dêmos	déssemos	darmos
dareis	daríeis	deis	désseis	dardes
darão	dariam	deem	dessem	darem
poderei	poderia	possa	pudesse	poder
poderás	poderias	possas	pudesses	poderes
poderá	poderia	possa	pudesse	poder
poderemos	poderíamos	possamos	pudéssemos	podermos
podereis	poderíeis	possais	pudésseis	poderdes
poderão	poderiam	possam	pudessem	poderem
quererei	quereria	queira	quisesse	querer
quererás	quererias	queiras	quisesses	quereres
quererá	quereria	queira	quisesse	querer
quereremos	quereríamos	queiramos	quiséssemos	querermos
querereis	quereríeis	queirais	quisésseis	quererdes
quererão	quereriam	queiram	quisessem	quererem
saberei	saberia	saiba	soubesse	saber
saberás	saberias	saibas	soubesses	saberes
saberá	saberia	saiba	soubesse	saber
saberemos	saberíamos	saibamos	soubéssemos	sabermos
sabereis	saberíeis	saibais	soubésseis	saberdes
saberão	saberiam	saibam	soubessem	saberem
direi	diria	diga	dissesse	dizer
dirás	dirias	digas	dissesses	dizeres
dirá	diria	diga	dissesse	dizer
diremos	diríamos	digamos	disséssemos	dizermos
direis	diríeis	digais	dissésseis	dizerdes
dirão	diriam	digam	dissessem	dizerem
sentirei	sentiria	sinta	sentisse	sentir
sentirás	sentirias	sintas	sentisses	sentires
sentirá	sentiria	sinta	sentisse	sentir
sentiremos	sentiríamos	sintamos	sentíssemos	sentirmos
sentireis	sentiríeis	sintais	sentísseis	sentirdes
sentirão	sentiriam	sintam	sentissem	sentirem

동사	인칭	직설법		
		현재	완전 과거	불완전 과거
ver 보다 *prever (예상하다)	eu tu você,ele,ela nós vós vocês,eles,elas	vejo vês vê vemos vedes veem	vi viste viu vimos vistes viram	via vias via víamos víeis viam
vir 오다	eu tu você,ele,ela nós vós vocês,eles,elas	venho vens vem vimos vindes vêm	vim vieste veio viemos viestes vieram	vinha vinhas vinha vínhamos vínheis vinham
sair 나가다 *cair (넘어지다), trair (배신하다), atrair (매혹하다)	eu tu você,ele,ela nós vós vocês,eles,elas	saio sais sai saímos saís saem	saí saíste saiu saímos saístes saíram	saía saías saía saíamos saíeis saíam
trazer 가져오다	eu tu você,ele,ela nós vós vocês,eles,elas	trago trazes traz trazemos trazeis trazem	trouxe trouxeste trouxe trouxemos trouxestes trouxeram	trazia trazias trazia trazíamos trazíeis traziam
ouvir 듣다 *medir (재다, 측정하다), despedir-se (작별하다), impedir (방해하다)	eu tu você,ele,ela nós vós vocês,eles,elas	ouço ouves ouve ouvimos ouvis ouvem	ouvi ouviste ouviu ouvimos ouvistes ouviram	ouvia ouvias ouvia ouvíamos ouvíeis ouviam
pôr 놓다	eu tu você, ele, ela nós vós vocês, eles, elas	ponho pões põe pomos pondes põem	pus puseste pôs pusemos pusestes puseram	punha punhas punha púnhamos púnheis punham
haver 있다, 존재하다	eu tu você, ele, ela nós vós vocês, eles, elas	hei hás há havemos haveis hão	houve houveste houve houvemos houvestes houveram	havia havias havia havíamos havíeis haviam
ler 읽다	eu tu você, ele, ela nós vós vocês, eles, elas	leio lês lê lemos ledes leem	li leste leu lemos lestes leram	lia lias lia líamos líeis liam

*대표 동사와 비슷하게 변화하는 동사들입니다.

236

직설법		접속법		
미래	과거 미래	현재	불완전 과거	인칭 부정사
verei	veria	veja	visse	ver
verás	verias	vejas	visses	veres
verá	veria	veja	visse	ver
veremos	veríamos	vejamos	víssemos	vermos
vereis	veríeis	vejais	vísseis	verdes
verão	veriam	vejam	vissem	verem
virei	viria	venha	viesse	vir
virás	virias	venhas	viesses	vires
virá	viria	venha	viesse	vir
viremos	viríamos	venhamos	viéssemos	virmos
vireis	viríeis	venhais	viésseis	virdes
virão	viriam	venham	viessem	virem
sairei	sairia	saia	saísse	sair
sairás	sairias	saias	saísses	saíres
sairá	sairia	saia	saísse	sair
sairemos	sairíamos	saiamos	saíssemos	sairmos
saireis	sairíeis	saiais	saísseis	sairdes
sairão	sairiam	saiam	saíssem	saírem
trarei	traria	traga	trouxesse	trazer
trarás	trarias	tragas	trouxesses	trazeres
trará	traria	traga	trouxesse	trazer
traremos	traríamos	tragamos	trouxéssemos	trazermos
trareis	traríeis	tragais	trouxésseis	trazerdes
trarão	trariam	tragam	trouxessem	trazerem
ouvirei	ouviria	ouça	ouvisse	ouvir
ouvirás	ouvirias	ouças	ouvisses	ouvires
ouvirá	ouviria	ouça	ouvisse	ouvir
ouviremos	ouviríamos	ouçamos	ouvíssemos	ouvirmos
ouvíreis	ouviríeis	ouçais	ouvísseis	ouvirdes
ouvirão	ouviriam	ouçam	ouvissem	ouvirem
porei	poria	ponha	pusesse	pôr
porás	porias	ponhas	pusesses	pores
porá	poria	ponha	pusesse	pôr
poremos	poríamos	ponhamos	puséssemos	pormos
poreis	poríeis	ponhais	pusésseis	pordes
porão	poriam	ponham	pusessem	porem
haverei	haveria	haja	houvesse	haver
haverás	haverias	hajas	houvesses	haveres
haverá	haveria	haja	houvesse	haver
haveremos	haveríamos	hajamos	houvéssemos	havermos
havereis	haveríeis	hajais	houvésseis	haverdes
haverão	haveriam	hajam	houvessem	haverem
lerei	leria	leia	lesse	ler
lerás	lerias	leias	lesses	leres
lerá	leria	leia	lesse	ler
leremos	leríamos	leiamos	lêssemos	lermos
lereis	leríeis	leiais	lêsseis	lerdes
lerão	leriam	leiam	lessem	lerem

직설법 현재 1인칭만 어근이 변하는 동사

	동사 원형	직설법 현재
d → ç	medir (재다, 측정하다)	meço, medes, mede, medimos, medis, medem
	pedir (요청하다)	peço, pedes, pede, pedimos, pedis, pedem
o → u	dormir (자다)	durmo, dormes, dorme, dormimos, dormis, dormem
	cobrir (덮다)	cubro, cobres, cobre, cobrimos, cobris, cobrem
	descobrir (찾아내다)	descubro, descobres, descobre, descobrimos, descobris, descobrem
e → i	sentir (느끼다)	sinto, sentes, sente, sentimos, sentis, sentem
	preferir (선호하다)	prefiro, preferes, prefere, preferimos, preferis, preferem
	vestir (입다)	visto, vestes, veste, vestimos, vestis, vestem
d → c	perder (잃다)	perco, perdes, perde, perdemos, perdeis, perdem

복합 시제

현재 진행형 (estar 현재 + 현재 분사)		현재 완료 (ter 현재 + 과거 분사)		과거 완료 (ter/haver 불완전 과거 + 과거 분사)	
estou estás está estamos estais estão	+ falando comendo partindo	tenho tens tem temos tendes têm	+ falado comido partido	tinha tinhas tinha tínhamos tínheis tinham	+ falado comido partido

정답

예비과

1

남성형	filho, calor, sol, alto, carro, menino, computador, caro
여성형	moça, diversidade, paisagem, nação, bonita, professora, viagem, cidade, cara
남녀성 동형	inteligente, gentil, feliz, ruim

2 (1) ② (2) ③ (3) ② (4) ④
(5) ③ (6) ④ (7) ④ (8) ②
(9) ① (10) ④

3 (1) mesas (2) inteligentes
(3) celulares (4) países
(5) ferozes (6) mulheres
(7) legais (8) quintais
(9) batons (10) ruins

1과

문법

1 (1) Eu (2) Nós
(3) Ele (4) Eles

2 (1) sou (2) é
(3) somos (4) são
(5) é

3 (1) não sou estudante.
(2) somos brasileiros.
(3) não é de São Paulo.
(4) são inteligentes.

듣기

● (1) coreana (2) brasileira
(3) coreano (4) brasileiro
(5) estudante (6) professora
(7) funcionário (8) funcionário

읽기

● (1) ② (2) ① (3) ③

2과

문법

1 (1) estou (2) está
(3) estamos (4) estão

2 (1) com calor. (2) com sono.
(3) com fome. (4) com medo.

3 (1) ⓐ (2) ⓑ (3) ⓑ
(4) ⓑ (5) ⓐ

듣기

● (1) ③ (2) ③

읽기

● (1) ④ (2) ④ (3) ①, ④

3과

문법

1 (1) meu (2) dele
(3) sua (4) dela
(5) minha (6) nosso

2 (1) meus filhos são altos.
(2) ela não é a minha esposa.
(3) o gato não é meu.
(4) a minha amiga é coreana.

3 (1) Quem (2) Qual
(3) Quando (4) Por que

듣기

● (1) Lee (2) coreana
(3) solteiro (4) engenheiro
(5) junolee

읽기

● (1) Quem (2) ④
(3) Qual é a sua profissão? /
Qual é a profissão dela?

4과

문법

1 (1) um (2) duas (3) três (4) dez

2 (1) tenho (2) tem (3) têm (4) temos

3 (1) esta – Essa mochila é
  (2) esses – Estes livros são
  (3) aquelas – Aquelas canetas são

듣기

- (1) ① (2) ②

읽기

- ③

5과

문법

1 (1) estão (2) está
  (3) fica (4) Há / Tem
  (5) Cadê

2 (1) ②, ⓑ (2) ③, ⓐ
  (3) ①, ⓒ

3 (1) ① (2) ②

듣기

- (1) ④ (2) ①

읽기

- (1) O (2) O (3) X (4) X
  (5) X

6과

문법

1 (1) quinze
  (2) quatrocentos e cinquenta

  (3) mil e quinhentos
  (4) dezessete
  (5) cento e trinta e dois
  (6) quinhentos e oitenta e nove

2 (1) conheço (2) sabe
  (3) sabe (4) conhecemos

3 (1) São doze horas. / É meio-dia.
  (2) São três (horas) e trinta (minutos). /
     São três e meia.
  (3) São cinco horas da tarde.
  (4) São dez (horas) e quarenta e cinco (minutos). /
     São quinze (minutos) para as onze (horas).
  (5) É uma hora (em ponto).
  (6) São duas (horas) e cinquenta (minutos). /
     São dez (minutos) para as três (horas).

듣기

- (1) ①, c (2) ③, b (3) ②, a

읽기

- (1) ① (2) ④

7과

문법

1 (1) me (2) se (3) nos (4) se

2 (1) ⓐ bebe ⓑ bebo
  (2) ⓐ falam ⓑ falamos
  (3) ⓐ partem ⓑ partem

3 (1) A Camila toma sorvete.
  (2) O Seu Zé toma banho.
  (3) O Félix(/gato) toma sol.

듣기

- (1) ④ (2) ② (3) ① (4) ③

읽기

- ③ – ① – ④ – ② – ⑤

8과

문법

1 (1) a (2) de (3) de (4) a

2 (1) ① (2) ③ (3) ②

3 (1) De (2) de (3) favorita (4) melhor

듣기

● ①

읽기

● (1) ④ (2) ② (3) C → A → B

9과

문법

1 (1) sexto (2) terceiro
   (3) décimo (4) primeira

2 (1) quer (2) quero
   (3) pode (4) quer
   (5) posso (6) podemos

3 (1) vinte e um de abril
   (2) sete de setembro
   (3) quinze de novembro

듣기

● (1) ④ (2) ②

읽기

● (1) ② (2) 24 de fevereiro
   (3) ②

10과

문법

1 (1) faço (2) faz
   (3) fazemos (4) fazem

2 (1) Ela está lendo livro.
   (2) Ele está comendo pizza.
   (3) Ela está correndo no parque.
   (4) Ele está comprando sorvete.
   (5) Ele está dormindo.

듣기

● (1) ③ (2) ① (3) ② (4) ④

읽기

● (1) ① (2) ④

11과

문법

1 (1) Ele tem jogo de futebol amanhã, por isso tem que praticar.
   (2) Nós temos prova de português, por isso temos que estudar.
   (3) Eles têm reunião importante, por isso têm que preparar.

2 (1) ninguém (2) nenhuma
   (3) nada

듣기

● (1) ③ (2) ④

읽기

● (1) ③ (2) ② (3) ②

12과

문법

1 (1) vou (2) vai (3) vamos (4) vão
   (5) vai

2 (1) ②, ⓓ (2) ①, ⓐ (3) ④, ⓑ (4) ③, ⓒ

3 (1) de (2) de (3) a

- (1) ③ (2) ③ (3) ②

- (1) ② (2) ②

13과

문법

1 (1) Eu trabalharei/vou trabalhar amanhã.
  (2) Meus pais viajarão/vão viajar à tarde.
  (3) Nós faremos/vamos fazer lição de casa juntos.
  (4) Meu filho dormirá/vai dormir cedo.

2 (1) Não, não terá/vai ter aula de português na quinta-feira.
  (2) Ele assistirá/vai assistir a um filme com a Camila.
  (3) O filme começará/vai começar às 17:00.

3 (1) à (2) para a, a, para
  (3) à, de (4) na

듣기

- (1) ④ (2) ①, ③

읽기

- (1) ⓐ viajarei/vou viajar
     ⓑ ficarei/vou ficar
     ⓒ visitarei/vou visitar
  (2) ①, ③ (3) ①

14과

문법

1 (1) fui (2) Choveu
  (3) disse – gostou (4) encontramos

2 (1) Qualquer (2) outra
  (3) várias (4) Cada

3 (1) ficou (2) ficamos
  (3) ficamos (4) fiquei

듣기

- ③ – ② – ① – ④

읽기

- (1) ④ (2) ③

15과

문법

1 (1) morava, 나는 어릴 적에 베를린에 살았었다.
  (2) tinha/havia, 일요일엔 항상 차가 막혔었다.
  (3) jogávamos, 예전에 우리는 함께 축구를 하곤 했다.
  (4) trabalhavam, 그 회사원들은 늦게까지 일을 했었다.

2 (1) fui – peguei (2) era – ia
  (3) estava fazendo – chamamos

3 (1) conheceu (2) Conheci
  (3) morava (4) estava
  (5) estava (6) fazia
  (7) era

듣기

- (1) estava passando mal.
  (2) o tempo estava muito agradável.
  (3) estava dirigindo.

읽기

- (1) ③
  (2) 모범 답안
     · Ele é baixo e está vestindo calça jeans.
     · Ele é alto, tem cabelo curto e está vestindo calça jeans.
     · Ela é alta e tem cabelo longo.

16과

문법

1 (1) foi (2) está – fica
  (3) foi – será / vai ser

2 (1) te (2) me (3) para mim
  (4) conosco (5) comigo

듣기

- (1) ① – b, ② – a   (2)   ③

읽기

- (1) ④   (2) ①

17과

문법

1 (1) ②   (2) ④   (3) ①   (4) ②

2 (1) ②   (2) ③   (3) ①

3 (1) Queria fazer uma reserva para amanhã. /
  Gostaria de fazer uma reserva para amanhã.
  (2) Podia falar mais devagar, por favor? /
  Poderia falar mais devagar, por favor?
  (3) Queríamos falar com Sr. Lee. /
  Gostaríamos de falar com Sr. Lee.

듣기

- (1) ③   (2) ②

읽기

- ③

18과

문법

1 (1) A Gina já tinha comprado o guarda-chuva quando
  parou de chover.
  (2) O Juno já tinha acordado quando o alarme tocou.
  (3) O banco já tinha fechado quando o Seu Zé
  chegou.

2 (1) Esta é a televisão que comprei ontem.
  (2) Ele é o meu amigo com quem estudo.
  (3) Este é o restaurante onde sempre almoço.

듣기

- (1) ②   (2) ③

읽기

- (1) ③
  (2) ① O   ② X   ③ X   ④ O

19과

문법

1 (1) Liga agora. Ligue agora.
  (2) Faz a lição de casa. Faça a lição de casa.
  (3) Não fala nada para ela. Não fale nada para ela.

2 (1) ②   (2) ①   (3) ③

3 (1) mas   (2) porque   (3) ou

듣기

- (1) ④   (2) 백화점

읽기

- (1) Adicione   (2) Mexa   (3) Retire
  (4) faça   (5) Passe

20과

문법

1 (1) estudem   (2) goste   (3) queira
  (4) entenda   (5) chova

2 (1) voltássemos   (2) descansasse
  (3) chegassem   (4) fosse
  (5) parasse

3 (1) falasse   (2) viajaria   (3) fizéssemos
  (4) entenderia   (5) Seria

듣기

- 3 – 1 – 2

읽기

- (1) ②   (2) ①   (3) ④

1과

듣기

A Gina é estudante.
A Adriana é professora.
O Juno e o Tiago são funcionários.
A Gina e o Juno são coreanos.
O Tiago e a Adriana são brasileiros.

진아는 학생입니다.
아드리아나는 선생님입니다.
준호와 찌아고는 직장인입니다.
진아와 준호는 한국인입니다.
찌아고와 아드리아나는 브라질인입니다.

읽기

아드리아나	안녕하세요. 저는 아드리아나입니다.
찌아고	안녕하세요. 저는 찌아고입니다.
아드리아나	어디 출신이에요?
찌아고	저는 리우데자네이루 출신이에요. 당신은요?
아드리아나	저는 상파울루 출신이에요.
찌아고	만나서 반가워요.
아드리아나	저도요.

2과

듣기

Adriana	Oi, Tiago.
Tiago	Oi, Adriana. Tudo bem?
Adriana	Tudo. E você?
Tiago	Mais ou menos.
Adriana	Que foi?
Tiago	Estou com gripe.
Adriana	Coitado!

아드리아나	찌아고, 안녕.
찌아고	아드리아나, 안녕. 잘 지내?
아드리아나	그럼. 너는?
찌아고	그저 그래.
아드리아나	무슨 일 있어?
찌아고	감기 걸렸어.
아드리아나	불쌍해라!

읽기

제 이름은 진아입니다. 저는 한국 사람이고 현재 브라질에 있습니다.
저는 날씬하고 키가 작습니다.
저는 명랑한 성격이지만 오늘은 슬픕니다.
한국이 그립습니다.

3과

듣기

A Qual é o seu nome?
B Meu nome é Juno Lee.
A O senhor poderia soletrar Lee?
B L-E-E.
A Qual é a sua nacionalidade?
B Coreana.
A Qual é o seu estado civil?
B Sou solteiro.
A Sua profissão, por favor?
B Sou engenheiro.
A Qual é o seu e-mail?
B Meu e-mail é junolee@email.com.
A Muito obrigada.

A 성함이 어떻게 되시나요?
B 제 이름은 이준호입니다.
A '이'의 철자를 불러 주시겠어요?
B L–E–E.
A 국적이 어디인가요?
B 한국 국적입니다.
A 결혼하셨나요?
B 미혼입니다.
A 직업은요?
B 엔지니어입니다.
A 이메일은 어떻게 되시나요?
B 제 이메일은 junolee@email.com입니다.
A 감사합니다.

읽기

까밀라	저 여자는 누구야?
다니엘	내 친구 진아야.
까밀라	어디 사람이야?

다니엘　한국 사람이야.
까밀라　직업이 뭐야?
다니엘　학생이야.

다니엘　어디야?
진아　공원이야.
다니엘　공원이 어디야?
진아　광장 앞이야. 너는 어디야?
다니엘　집이야.

4과

듣기

Adriana　Quantos irmãos você tem?
Tiago　Eu tenho um irmão mais velho.
Adriana　Ele é casado?
Tiago　Sim.
Adriana　Quantos filhos ele tem?
Tiago　Ele tem uma filha.
Adriana　Quantos anos ela tem?
Tiago　Ela tem 2 anos.

아드리아나　형제가 몇이야?
찌아고　형 한 명 있어.
아드리아나　형은 결혼했어?
찌아고　응.
아드리아나　형은 자녀가 몇이야?
찌아고　딸 한 명 있어.
아드리아나　몇 살인데?
찌아고　두 살이야.

읽기

찌아고　그게 뭐예요?
준호　지갑이에요.
찌아고　그 지갑은 누구 거예요?
준호　어떤 아주머니 것이에요.
찌아고　어떻게 생겼어요?
준호　그녀는 키가 작고 말랐고 백발이에요.

5과

듣기

Daniel　Onde você está?
Gina　Estou no parque.
Daniel　Onde é o parque?
Gina　É em frente da praça. E você, onde você está?
Daniel　Estou em casa.

읽기

(1) 슈퍼마켓이 있다.
(2) 은행 옆에 빵집이 있다.
(3) 빵집은 은행과 주차장 사이에 있다.
(4) 주차장은 슈퍼마켓 뒤에 있다.
(5) 제 아저씨는 빵집 안에 있다.

6과

듣기

A　Que horas são em Seul?
B　São oito horas da noite.
A　Que horas são em Paris?
B　São duas horas da tarde.
A　Que horas são no Rio de Janeiro?
B　São oito horas da manhã.

A　서울은 몇 시예요?
B　저녁 8시예요.
A　파리는 몇 시예요?
B　오후 2시예요.
A　리우데자네이루는 몇 시예요?
B　오전 8시예요.

읽기

저는 다니엘을 압니다. 그는 제 학생입니다. 저는 그가 독일인인 것을 압니다. 그는 베를린 출신입니다. 저는 독일을 간 적이 없지만 독일어를 할 줄 압니다.

7과

듣기

Tiago　A que horas você se levanta?
Adriana　Acordo às seis horas.
Tiago　A que horas você toma café da manhã?
Adriana　Às oito horas.

Tiago	A que horas começa a aula?
Adriana	A aula começa às 10 horas.
Tiago	A que horas você dorme?
Adriana	Eu durmo às 10 horas da noite.

찌아고	너는 몇 시에 일어나?
아드리아나	6시에 일어나.
찌아고	몇 시에 아침 식사해?
아드리아나	8시에.
찌아고	수업은 몇 시에 시작해?
아드리아나	수업은 10시에 시작해.
찌아고	몇 시에 자?
아드리아나	저녁 10시에 자.

읽기

① 수업은 10:00에 시작해서 12:00에 끝납니다.
② 저는 14:00에서 18:00까지 도서관에서 공부합니다.
③ 저는 아침 8:00에 일어납니다.
④ 수업 후, 저는 수업을 같이 듣는 친구들과 점심 식사를 합니다.
⑤ 저는 18:30에 기숙사로 돌아갑니다.

8과

듣기

Tiago	Adriana, qual é o seu hobby?
Adriana	Eu gosto de assistir a filmes e ler livros. E você, Tiago? O que gosta de fazer no seu tempo livre?
Tiago	Gosto de jogar golfe. Ah! Gosto também de jogar futebol.

찌아고	아드리아나, 너의 취미는 뭐야?
아드리아나	나는 영화 보는 것과 독서를 좋아해. 찌아고, 너는? 여가 시간에 뭘 하는 것을 좋아해?
찌아고	난 골프 치는 것을 좋아해. 아! 난 축구하는 것도 좋아해.

읽기

| 점원 | A 가방이 제일 싸고 C 가방이 제일 비싸요. B 가방이 A 가방보다 크고 C 가방보다는 작아요. C 가방이 제일 커요. |
| 이네스 아주머니 | A 가방이 B 가방보다 예쁜데 C 가방이 제일 예쁘네요! |

9과

듣기

Gina	Daniel, qual esporte você gosta de praticar?
Daniel	Eu gosto de jogar boliche.
Gina	Quantas vezes você joga boliche por semana?
Daniel	Eu jogo duas vezes por semana. E você, Gina? Qual esporte você gosta de praticar?
Gina	Eu gosto de fazer natação.
Daniel	Quantas vezes você faz natação por semana?
Gina	Eu faço natação todos os dias.

진아	다니엘, 너는 어떤 운동하는 것을 좋아해?
다니엘	나는 볼링 치는 것을 좋아해.
진아	일주일에 몇 번 볼링을 쳐?
다니엘	일주일에 두 번 쳐. 진아, 너는? 어떤 운동하는 걸 좋아해?
진아	난 수영하는 걸 좋아해.
다니엘	일주일에 몇 번 수영해?
진아	난 매일 수영해.

읽기

오늘은 2월 2일, 화요일입니다.
우리는 매주 수요일 회의가 있습니다.
2월 마지막 주에는 브라질에서 휴일이라 회의가 없습니다.

10과

듣기

A	Como está o tempo em São Paulo?
B	Está ventando muito. Está muito frio.
A	Como está o tempo no Rio de Janeiro?
B	Está agradável. Está fazendo sol.
A	E como está o tempo em Salvador?
B	Está nublado.
A	E em Manaus?
B	Está chovendo.

| A | 상파울루는 (현재) 날씨가 어때요? |
| B | 바람이 많이 불고 있어요. 매우 추워요. |

A 리우데자네이루는 (현재) 날씨가 어때요?

B 날씨가 좋아요. 햇빛이 쨍쨍해요.

A 살바도르는 (현재) 날씨가 어때요?

B 흐려요.

A 마나우스는요?

B 비가 오고 있어요.

읽기

저는 매일 아침 집 근처 공원에서 조깅을 하지만, 비가 멈추지 않고 오는 중이라 벌써 안 뛴 지 이틀이 됐습니다. 요가를 하고 있지만, 집에서 운동하는 것을 그다지 좋아하지 않아요.

11과

듣기

Seu Zé tem 52 anos.
Ele tem medo de aranha.
Ele tem um gato chamado Félix.
Félix não tem medo de aranha, mas ele tem medo de pessoas.

제 아저씨는 52세입니다.
그는 거미를 무서워합니다.
그는 펠릭스라는 고양이가 있습니다.
펠릭스는 거미를 무서워하지 않지만 사람을 무서워합니다.

읽기

의사 어디가 아프세요?

다니엘 목구멍이 아파요. 감기에 걸린 것 같아요.

의사 처방전 드릴게요. 매 식사 후 두 번 드세요.

다니엘 감사합니다.

12과

듣기

A Para onde?

B Para a Prefeitura, por favor.
Quanto tempo demora?

A Uns 10 minutos.

B Que bom. Tenho que chegar antes das 11 horas.

A 어디로 갈까요?

B 시청으로 가 주세요.
얼마나 걸리나요?

A 10분 정도요.

B 잘됐네요. 11시 전에 도착해야 해요.

읽기

A 당신은 한국에 어떻게 가나요?

B 대한항공 타고 가요.

A 직항이 있나요?

B 아뇨.

A 어디를 거쳐 가나요?

B 가끔은 파리를 거치고 가끔은 두바이를 거쳐 가요.

A 얼마나 걸려요?

B 대략 27시간이요.

A 엄청 긴 여행이네요!

13과

듣기

Daniel Gina, você está livre depois da aula hoje?

Gina Sim. Não tenho planos ainda.

Daniel Você quer sair para beber à noite?

Gina Claro! Que tal chamar a Professora Adriana?

Daniel Boa ideia! Vamos perguntar para ela depois da aula.

다니엘 진아야, 너 오늘 수업 후 시간 있어?

진아 응. 아직 아무 계획 없어.

다니엘 저녁에 한잔하러 나갈래?

진아 당연하지! 아드리아나 선생님도 부르는 게 어때?

다니엘 좋은 생각이야! 수업 끝나고 선생님에게 물어보자.

읽기

방학 동안 저는 유럽을 여행할 거예요. 파리에 사는 숙모가 있어요. 그녀의 집에 2주 동안 머무를 것이며 그 후 런던, 바르셀로나와 리스본 같은 다른 도시를 방문할 거예요. 총 5개국에 갈 거예요. 빨리 떠나고 싶어요!

듣기

Gina foi à padaria e comprou alguns pães.
Ela voltou para casa e tomou café da manhã.
Ao terminar de comer, deitou-se no sofá e leu um livro.
Depois disso, vestiu-se e saiu para encontrar os amigos.

진아는 빵집에 가서 빵 몇 개를 샀습니다.
집으로 돌아와서 아침 식사를 했습니다.
다 먹고 나서는 소파에 누워서 책을 읽었습니다.
그 후, 옷을 입고 친구들을 만나러 나갔습니다.

읽기

오늘 지갑을 잃어버렸고 속상했어. 은행, 슈퍼마켓 그리고 도서관에도 찾으러 가 봤지만 못 찾았어. 아드리아나 선생님이 분실물 센터에 가 보라고 했어. 그래서 수업이 끝나자마자 갔지. 그리고 거기서 내 지갑을 찾았어! 운이 좋았지!

15과

듣기

(1) A Gina foi ao hospital porque estava passando mal.
(2) O Daniel e a Camila foram ao parque porque o tempo estava muito agradável.
(3) O Seu Zé não atendeu o celular porque estava dirigindo.

(1) 진아는 몸이 안 좋아서 병원에 갔습니다.
(2) 다니엘과 까밀라는 날씨가 너무 좋아서 공원에 갔습니다.
(3) 제 아저씨는 운전 중이어서 전화를 안 받았습니다.

읽기

이네스 아주머니	도와주세요! 강도예요!
경찰	강도를 보셨나요? 그는 어땠나요?
이네스 아주머니	네. 제 가방을 가져간 그 청년을 봤어요. 그는 키가 컸고, 검정 가죽 자켓을 입고 있었고 오토바이를 타고 도망갔어요!

16과

듣기

A Queria ver calças.
B As calças estão aqui.
A Quanto custa este jeans?
B Custa 100 reais.
A E esta bermuda, quanto é?
B São 50 reais.
A Vou levar os dois.
B Está bem.

A 바지 보고 싶은데요.
B 바지는 여기 있습니다.
A 이 청바지는 얼마인가요?
B 100헤알입니다.
A 이 반바지는요, 얼마예요?
B 50헤알입니다.
A 두 개 다 할게요.
B 알겠습니다.

읽기

점원	안녕하세요. 도와드릴까요?
까밀라	가방 사려고요.
점원	이 가방은 어때요? 검정색, 흰색, 노란색 있어요.
까밀라	노란색으로 할게요. 얼마예요?
점원	100헤알입니다.
까밀라	카드 되나요?
점원	그럼요. 체크 카드인가요 신용 카드인가요?

17과

듣기

A Boa tarde. Eu gostaria de fazer uma reserva para as oito da noite.
B Pois não. Quantas pessoas?
A Seis pessoas.
B Como é o seu nome?
A É Tiago Pereira.
B Está reservado, Senhor Pereira.
A Muito obrigado.

A 안녕하세요. 저녁 8시로 예약하고 싶은데요.

B 네. 몇 명인가요?

A 6명이요.

B 성함이 어떻게 되시나요?

A 찌아고 페레이라입니다.

B 페레이라 씨, 예약됐습니다.

A 고맙습니다.

 읽기

웨이터 도와드릴까요?

찌아고 메뉴판 주세요.

웨이터 주문하시겠어요?

찌아고 샐러드 하나와 스테이크 하나 주세요.

웨이터 마실 거요?

찌아고 탄산 없는 물 주세요.

18과

듣기

A O Senhor Pereira está?

B Quem fala?

A Sou colega do trabalho.

B Ele não está no momento.

A Poderia deixar um recado para ele?

A 페레이라 씨 계신가요?

B 누구세요?

A 직장 동료입니다.

B 지금 없는데요.

A 메모 남겨 주시겠어요?

읽기

제 아저씨와 이네스 아주머니가 일에서 돌아왔을 땐 최악의 상황이 벌어져 있었다.
집이 엉망진창이었다! 소파와 커튼은 찢어져 있었으며 모든 곳이 고양이 발자국으로 뒤덮여 있었다.
게다가, 그들의 고양이는 집 안에 없었다. 고양이가 사라져 있었다.

19과

듣기

Siga em frente e vire à direita no segundo semáforo.

Vá reto por 3 blocos até chegar em frente do banco.
Depois, vire à esquerda.

쭉 가셔서 두 번째 신호등에서 오른쪽으로 도세요.
은행 앞에 도착할 때까지 3블럭 동안 직진하세요.
그 후, 왼쪽으로 도세요.

읽기

브리가데이루

재료

마가린: 1 큰술

연유: 1 캔

초콜릿 파우더: 4 큰술

초콜릿 스프링클: 1 팩

만드는 방법

1. 냄비를 달구세요.

2. 마가린 1큰술을 넣으세요.

3. 연유를 다 넣은 후 초콜릿 파우더 4큰술을 넣으세요. 계속 저어 주세요.

4. 냄비에서 내용물을 빼고 작은 공 모양으로 만들어 주세요. 초콜릿 스프링클에 굴려 주세요.

20과

듣기

(1) Chame a polícia! Fui roubada! Aquele moço levou a minha bolsa!

(2) Chame a ambulância! Houve um acidente de carro.

(3) Socorro! Ajude-me, por favor! Eu não sei nadar.

(1) 경찰 불러 주세요! 도둑맞았어요! 저 청년이 내 가방을 가져갔어요!

(2) 응급차 불러 주세요! 자동차 사고가 났어요.

(3) 도와주세요! 제발 저를 도와주세요! 저 수영 못해요.

읽기

오늘은 너의 날이야! 항상 나의 곁에 있어 줘서 고마워. 사랑하고, 슬플 때나 기쁠 때나 항상 널 위해 여기 있을게. 네가 항상 행복하기를 바라. 사랑, 평화, 건강이 절대 네게 부족하지 않기를! 생일 축하해!

색인 1

H

I

J

K

L

ㄱ

ㅊ

기타